スイーツ歳時記
&
お菓子の記念日

Yoshida Kikujiro
吉田菊次郎

松柏社

まえがき

お菓子とは、日々の食事と異なり、生きていく上で絶対になくてはならないというものではありませんが、あればその生活はより豊かなものになります。それゆえにこそ、人々は古来より知恵の限りを尽くして、その開発とレベルの向上に力を注いでまいりました。

そして一年の折々に、否、一生の節目節目に、それをもって祝い喜び、時には辛く悲しい気持ちを癒し、生きる力の糧として、生計を営んでまいりました。そうしたことは洋の東西を問わず行われ引き継がれ、また地域を越えて互いに影響を及ぼし、融合するなどして多用な文化を育みつつ、今に至っています。

さて我が国ですが、極東という地理的特性もあってか、さまざまな文化がここに集まり溶け合い、結果、こよなく礼節を尊ぶという一種独特な美学に基づく生活様式が生み出されました。本書においては、それらをひも解き、中国大陸や欧米といった他地域、あるいは神道や仏教、キリスト教といった宗教観も含めた諸文化に、改めてその源をたどり、見つめ直してみることに致します。

章立てとしては、先ず第一章「スイーツ歳時記」として、一月から始まる一年と、それにまつわるお菓子の行事に筆を及ばせ、第二章としては、「お菓子の記念日」と題して、日欧のお菓子の神様の祝日、日本におけるお菓子とパン及び原材料の記念日、さらには補足として、人の一生における各節目とお菓子との関わりを書き添えさせていただきました。

筆の足らざるところの多々あることは重々承知ながらも、このことにより、多少なりともお菓子に対する関心と造詣を深めていただくことができましたら、著者としてこれに過ぎる喜びはありません。

目次

第二章　お菓子の記念日

第一章　スイーツ歳時記

ここではカレンダーに従い、月別に一月から一二月に至るまでの行事とそれに関わるお菓子についてを記すが、場合によっては月日を跨ぐものもある。

またはっきりと月別には当てはめられない、季節に応じたお菓子もある。この捉え方も新暦、旧暦といった慣例上の分け方等、難しいところがあるが、春は三月、四月、五月とし、夏は六月、七月、八月。秋は九月、一〇月、一一月。冬は一二月、一月、二月として記した。

いや一月は新春というし、五月は初夏だろう、八月は暦の上ではもう秋だよ、と指摘されれば返す言葉もないが、あくまでも体感に沿ってかように区切らせていただいた。

ただ、その体感も先ごろの温暖化で当てにならなくなってきたが、その辺りの曖昧さにあってはご寛容のほどをお願い申し上げたい。

一月・睦月《むつき》

お正月——三が日、松の内、一〇日、一五日、二〇日

花びら餅

お正月とは、一般的には三が日もしくは七日までの松の内を指しているが、かつては一五日までを松の内といい、その一五日を小正月または女正月と称していた。

とかく正月は来客も多く、女性たちは休まることがなく、一五日頃になるとやっと一息つけるということでの呼称という。また二〇日も二〇日正月として祝ってもいた。何にしても初めの月は忙しい。

さて、そんなお正月を祝うものとして、和菓子の分野には、「花びら餅」というものがある。新年の慶びと寿ぎの心を表す如く、お節料理やお雑煮、お屠蘇などとともに、このお菓

子が供される。
つつましさの中に秘めるある種の華やぎに、その場の空気も改められ、居住まいさえも正される。一片のお菓子の持つ力である。

あの薄く延ばした半円の餅なり求肥から、ほんのりと中の薄紅色が透けて見えてくる。あの薄さ、柔らかさ、そして淡さが何ともいえない。

そんな花びら餅の中身は、お雑煮の変形とされる味噌餡仕立てとなっている。そして両端に突き出た牛蒡は、年魚とされる鮎の姿の見立てとか。〝ああ、日本はいいなあ〟とつくづく思える瞬間である。

なお、かくいう花びら餅は、古くより宮中菓子として新年の行事に使われたり、あるいはお茶席のお初釜などのめでたい行事にも好んで用いられてきた。

このたおやかにして雅なる文化は、いかに時が移り環境が変わろうとも、いつまでも続いていってもらいたいものと、日本人なら誰しもが願うことと思う。

お年賀、寒中お見舞い――三が日、松の内、一〇日、一五日、二〇日

カステラ、羊羹、クッキー、ケーキ、焼き菓子、煎餅等、和洋菓子全般

お正月に人様のところを訪れる時には、手ぶらというのも恰好がつかず、概ね何かしらのお品物を携えて行く。いわゆるお年賀である。その辺りが日本人の奥ゆかしさといえようか。

さて、その折には何にも増してお菓子が好適品となる。さして値も張らないので、差し上げる方も受ける側もさほどに気を遣うこともなく、和やかなうちにご挨拶が叶う。よってこの場合のお菓子は、いわゆるコミュニケーションを図る便利なツールのひとつといえよう。お値段的にも、お中元やお歳暮のような大仰なものではなく、簡単な手土産程度でよく、気持ちが伝わるものであるなら何でもいい。

かつてはカステラや羊羹などが独壇場であったが、現在ではクッキーやケーキ、焼き菓子、お煎餅等、和洋菓子全般が幅広く用いられている。

このお年賀なるものの謂れを調べてみると以下の如くである。

古来よりお正月には、年神様と呼ばれる新年の神様をお迎えして祀る慣わしがある。その年始の挨拶に親戚や知人宅を訪れる際には、〝御歳魂《おとしだま》（御年玉）〟と称して、年神様を祀る神棚やお仏壇へのお供え物を、互いに持参したことが起源とされている。

それがいつの頃からか、手土産を持参するという慣わしに変わり、子供たちには〝お年玉〟、その家の方には〝お年賀〟と表書きして贈られるようになった。なお、贈る時は紅白または赤と金の五本もしくは七本の蝶結びの熨斗紙や短冊を用いることが習いとなっている。また贈る時期については、基本的には正月三が日とされているが、都合のつかない場合は松の内、あるいは地方によっては一〇日、一五日までとするところもある。またそれをも過ぎた時には〝寒中お見舞い〟あるいは〝寒中御伺い〟として贈られる。

公現節（主顕節、エピファニー、トゥウェルフスデー、三王来朝の祝日、東方三博士の祝日）――一月六日、一日を除いた最初の日曜日

ガレット・デ・ロワ

日本のお正月は花びら餅で新年を寿ぐが、お菓子の本場とされるフランスでは公現節（主顕節ともいう）のガレット・デ・ロワ（galette des Rois：王様のガレット）というお菓子で祝われる。

香ばしいアーモンドクリームを通称パイ生地と称されているフイユタージュに包んで焼き上げるものだが、その中にはフェーヴ（fève：そら豆）と呼ばれる陶製の人形が忍ばされる。

皆で切り分けて食べる時、それに当たった人はその場で男性なら王様、女性なら女王様になって紙製の王冠を戴き、周りの人々から祝福を受ける。

謂れを調べてみよう。一二月二五日、突如巨大な赤い星が現れた。これは救世主のお生まれになったしるしであるとの言い伝えにより、東方から三人の博士がラクダに乗って夜毎その星を追い続けた。そして一二日目の一月六日、ピタリと止まった星の真下のベツレヘムの馬小屋で、聖母マリアに抱かれたイエス・キリストにまみえたという。

よってこの日は「主が顕れる」ということで主顕節、「公に現れる」として公現節（御公現の祝日）、と呼ばれるようになった。また旅に一二日を要したところからトゥウェルフスデーともいわれている。

さて、お菓子の中に忍ばせるこのフェーヴだが、起源はローマ時代にまで遡る。ローマでは投票にそら豆を用いており、収穫祭でもそら豆を引いた人が王様になるという慣わしがあった。後にキリスト教が広まった時、この習慣が公現節のお菓子に引き継がれ、そら豆はキリストを表すという意味で、そのお菓子の中にもぐりこんだ。

しかし今から三〇〇年ほど前、「キリストをそら豆で表すなど冒涜である」ということで、陶製の人形に換えられた。今では宗教的な面影よりも、このお菓子を食べて楽しむという意味合いの方が強く、中に入れるフェーヴも、陶製あり、プラスティックありで、その形やデザインも、イエス・キリストを表すものから、かわいい動物、パティシエ姿、あるいはテニスのラケットやヨット等々、いろいろなものが作られ、コレクターを楽しませている。

また、本来は前述の如く一月六日がその祝日とされているが、近年は一月一日（マリア様の祝日）を除いた一週間のうちの日曜日に祝われるように変わってきた。この方が家族や友人が集まりやすいという、楽しみ優先の表れからか。

なお、フェーヴについては、日本にその習慣が根付くまで注意を払う必要がありそうだ。異物混入？により歯を痛めるなどの問題が起こることも予想されるゆえに。

ところで公現節に食べるお菓子は地方によって異なる。文頭に取り上げたものはそのうちのひとつで、パリ地方の場合のこと。ちなみにこれは、以前はパン屋の専売であったが、菓子屋側が訴訟を起こした。時の最高法院は、バターと卵が入っているからお菓子である、との審判を下したものの、結局はパン屋が勝ち、一九一四年にやっと解禁され、今日では双方ともに自由に作っている。

最後に有名な話をひとつ。革命委員会がこのお菓子を持ち出し、「王様のガレットとは不届きだ。平民のガレットと呼ぶべきではないか」と主張したが、議会ではだれひとり賛成しなかったという。

かくして今なおこれはガレット・デ・ロワ、すなわち王様のガレットと呼ばれている。

成人の日——一月第二月曜日

デコレーションケーキ

従来は一月一五日に行われていたが、一九九八（平成一〇）年の祝日法改正により一月の第二月曜日に変更された。これはハッピーマンデー制度といい、祝日が日曜日と重なった場合、休日が減らないよう翌日も休日とするという配慮に基づくもので、以来成人の日という祝日は、一月の何日という決め事ではなくなった。

ところで、何歳から成人と認めるか。これについては国によって異なるようだが、日本にあっては一九四八年に公布し施行された祝日法により二〇歳と定められ、以来長年にわたりその慣習に従ってきた。しかしながらこの年齢については、教育の充実や体格の向上、あるいは諸外国の現状との対比等々から鑑みてさまざまな議論がなされた結果、令和四年四月からの民法改正で、これまでの二〇歳から一八歳に引き下げられることになった。ただ、そうなると新たな問題も少なからず持ち上がってくる。

例えば、年齢的に大学受験や就職時期と重なるため、各自治体における成人式の式典をどうするか、といったことなどである。自治体によっては、成人は一八歳としても、式典は従来通り二〇歳に、とする意見も出ているようだ。また変更された初年度は、新制度における新成人の一八歳、前年をパスしてまだ二〇歳の成人式を迎えていない一九歳、晴れて二〇歳に到達した人と、三年分の新成人がいちどきに誕生するわけだから、それに関わる産業も大変なことになりそうだ。

ちなみにファッション業界などは常にも増しての大混乱は必至。何となれば、当日は一年における最大のイベントなのだ。男性はスーツでバシッと、女性は振り袖晴れ着一式に美容院、着付け、写真館とさまざまな業種がこれに参入して超多忙。これが一度に三倍となると、ただごとではない。同様にレストラン業界も、名のあるところやちょっとおしゃれで気の利いたところなども、予約状況がパニック状態になることは想像に難くない。

そこでお菓子屋だが、どうだろう。このめでたい日を盛り上げるべく、これまでにもいろいろと考えてはきた。考えてはきたが実情を申すと、まだこれといった決定打は打たれていない。ファッション業界等の大盛り上がりを横目に見ながら、とりあえずはクリームやチョコレートを使って、〝祝・成人〟等と書いたデコレーションケーキなどを並べている。そこそこには売れるが、定番になるまでには至っていない。さりとてお酒浸しのケーキも今さら珍しくないし、タバコ形のお菓子も様にならない。和菓子屋さんの方とて、目を引くものも取り立てて見当たらず。ともあれこのあたりが、まだスイーツ業界にとっての空白区であり、知恵の絞りどころといえよう。でも考えれば必ず何か浮かぶもの。今後の〝ギョウカイ〟揚げての商品開発、販売戦略が見ものである。

一月〜二月の味覚

椿餅《つばいもち》

一月、二月というこのあたりは、気候的には一年で最も寒い時季にあたるが、それでも耳を澄ませばその向こうに、確実に近づいてくる春の足音が聞こえる。このように季節をデリケートに感じ取り、捉えていくという点に関しては、我々日本民族というのは大変優れたものを持っているようだ。それは他の多くの国と比べて、殊の外四季がはっきりしているという環境によるものなのだろう。

そんな日本の厳冬期の甘味の世界、多くの御菓子司では椿餅を手がける。椿餅と書いて「つばいもち」と発音するが、勿論「つばきもち」でも通じる。もち米を蒸して乾燥させた道明寺粉を用いて漉し餡を包み、二枚の椿の葉で挟んで供される。ご存知の如く椿の葉の表面はツルツルしていて、べたつく餅を挟むにはまったくの好都合。柏餅の葉も同様だが、折々のこうした自然のものをたくみに利用する古人《いにしえびと》の知恵にはほとほと感心させられる。手には持ちやすく、その手は汚れず、葉をはがせばそのまま口に運べる。そしてその葉から、外に咲く寒椿にそこはかとなく思いを馳せる。しかも透けて見える餡のかすかな茶色から、わびやさびの趣きを感じ取る。その刹那、人はまさしく自然と一体になる。四季の移ろいに身をゆだねてきた、日本人のみが持つ感性が生み出した味覚文化の一端がここにしかと見て取れよう。

如月、洋菓子界での派手やかなヴァレンタイン商戦で目立たないが、和菓子舗もどうして存外元気である。

二月・如月《きさらぎ》

初春の味覚——二月頃

うぐいす餅

「梅にうぐいす」の取り合わせは、季節感を表すコンビネーションのひとつとして、あまねく知られるところであろう。その情景は古今を通じて歌に詠まれ、詩に書かれ、掛け軸の書や俳画の類にも描かれ続けてきた。ただ、これもよく考えると、梅が咲き始めるのはたいがいが厳冬の頃。

しかしながらここを底として、続いてきたさしもの寒さも和らぎ出し、閉ざされた人々の心を開き、来るべき次なる季へと誘っていく。そしてそこにかわいらしいうぐいすがやってきて、ほころび始めた花とたわむれ、蜜を吸う。如何にも春の使者らしい明るい鳴き声と愛くるしいその動きに、古来より多くの人々が魅せられてきた。

そうした心を映すべく作られてきたのが、ここにご紹介するうぐいす餅である。いわば御菓子司、和菓子舗における早春（実際にはまだ厳冬期？）を表す定番品のひとつといっていい。形もそれとなくうぐいすを思わせるように整え、正面には青大豆を挽いた薄緑色のきな粉をまぶして、文字通りうぐいす色に仕上げる。こうして外の世界を家の中に持ち込み、一服のお茶とともに一足早く春の訪れを楽しむ。

聖燭祭――二月二日

クレープ

ヨーロッパ文明の精神的バックボーンはキリスト教だが、その文化圏には信仰にちなんだいろいろな催事がある。そのひとつの二月二日は、「主の奉献」あるいは「聖母マリアお潔めの日」とされている。

これはマリア様がキリストのお誕生後四〇日目にお潔めの儀式を受け、キリスト奉献のためにエルサレムを訪れたことを記念する日である。また、この日は別にシャンドルール（Chandeleur：聖燭祭）とも呼ばれ、信者たちがマリア様を祝福すべくキャンドルに火を灯して行列する儀式が行われる。

なお、そもそもこのお祭りは、冬がやっと峠を越すことを祝うことから始まったといわれ、家々には春の光明を表すキャンドルが灯された。この習わしがいつしか「主の奉献」と重なって、今日のような行事に結びついていった。

さて、いずれの時代でも遊びはセレモニー化するもので、また逆にセレモニーにも遊び心が入ってくる。この場合も同様で、こうした宗教的な意味合いから発展して、次のような楽しいクレープの遊びが広まっていった。

クレープの起源は、一六世紀頃の聖燭祭の折に焼かれたのが始まりというが、そうした流れを引いてか、今日でもその当日はクレープがもてはやされ、そのクレープをもって運試しが行われる。まず左手に金貨、右手にフライパンを持つ。そして焼けた生地をポーンと空中高く放り上げる。そしてそれをうまく元のフライパンに戻すことができれば、その年は幸運が訪れ、お金に困らないといわれている。

昔から人々はこうして辛さを楽しさに変えながら、厳しい冬を乗り越えてきたのだ。ところでうまくいかなかったらどうなるって？　なあに、もう一回やり直せばいいだけのこと。

建国記念日——二月一一日

紅白饅頭、紅白すあま（素甘、寿甘）

一九六六（昭和四一）年制定の国民の祝日のひとつで、日本の建国を祝う日。日本の歴史も相応の古きに至るため、正確な建国日については明確ではないが、神話に従うなら、古事記や日本書紀において初代天皇とされる神武天皇が即位された日が、日本書紀によると旧暦で紀元前六六〇年一月一日とあり、明治に入ってそれをグレゴリオ暦に換算した日付けが二月一一日となるため、同日を我が国の建国の日と定めた次第。一八七三（明治六）年に同日を「紀元節」と定めて祭日とされ、翌年から適用されたが、太平洋戦争後の一九四八（昭和二三）年に、占領軍による日本の神道排除の方針から、紀元節は廃止の決定がなされた。しかしながらその後、同祝日復活の機運とその要望の声が高まり、前述の如く一九六六（昭和四一）年に「建国記念の日」として復活を果たし、国民の祝日となって翌年から適用されるに至った。

さて当日だが、かつては他の慶びごとと同様に、市区町村等各自治体において紅白に作られた饅頭や、すあま（注・素甘もしくはめでたさを表すものとして寿甘の文字を当てている）と称される餅菓子などが振舞われ、国を挙げて祝賀ムードに包まれた。昨今はそうしたことは影をひそめたが、国民の祝日としてすっかり定着し、人々に数あるホリデーのひとつとして楽しまれ、家々では家庭サービスに勤しんでいる。

　ところで、かつてそうした折々に振舞われていた紅白の饅頭やすあまだが、近頃目にする機会がいささか少なくなったのが気に掛かる。昔は饅頭自体おいしいものの代表格であり、紅白すあまもハレの日を彩るおいしいものの定番であった。今ではそれに取って代わる美味が溢れ、ありがたさが薄れてしまったのかもしれない。が、それでもたまに目にするとたまらなくうれしくなる。やはり日本人としてのＤＮＡは体のどこかに脈々と息づいているようだ。

節分——春分の日の前日

豆

　節分とは立春の前日、すなわち二月三日または四日に当たるが、その日は季節を分けるということでこのように呼ばれている。したがって俳句の季語では節分はまだ冬に組み入れられている。そして春はその翌日からということになる。旧暦と呼ばれる太陰太陽暦では、立春に最も近い新月を元日とし、月の満ち欠けを基準とした元日と、太陽黄経を基準とした立春は、ともに新年と捉えられていた。したがって、旧暦一二月末の大晦日と立春前日の節分は、ともに年越しの日と認識されていた。

ところで当日は邪気を追い払うために、家々の戸口には柊《ひいらぎ》の枝に鰯の頭を挿したものを立てたり、また鬼遣《やら》いあるいは追儺《ついな》と称して豆をまく。この豆もお菓子の一種といえばいえないこともないようだ。なんとなれば、近年はおおむね専門の豆屋さんが扱っているが、それまではそうしたところの他、乾物屋さんや和菓子舗も取り扱っていた。なお、昨今はそれらを商う各百貨店やスーパー、コンビニエンスストア等も便利になっている。豆のみならず、それを入れる枡を形作る紙製の容器から鬼の面までのすべてを揃えてワンセットで販売されている。

ちなみにあのお面をかぶって豆をぶつけられるのは、たいていがお父さんの役らしい。ご主人がいじめられ役に回っているのが、一番平和に家庭が収まるのだろうが、この時とばかりに手加減しないで豆をぶつけてくる家族も少なからずおられるとか。世のお父さん方も大変である。

ところで、あの豆は、自分の年の数だけ、あるいはそれにひとつ加えた数だけ食べると体に良いとされている。ただ、若い頃は数も少ないゆえ気にもならないが、年毎に増えるというのは、けっこうきついものがある。言い伝えはさておき、その辺は臨機応変になされてはいかがか。また、一握りで年の数だけ握りとることができると良いことがある、との言い伝えもある。さらには初雷、すなわち立春後の最初の雷が鳴ったら食べると、病気をせずに健康に過ごせる、魔よけになる、落雷の災難から免れる、といった言い伝えも各地にある。

いずれにしろ、節分における鬼遣いや追儺の行事は、厳しい季節の後の、春の光明への期待感に基づいたものであることがうかがわれる。

ヴァレンタインデー——二月一四日

チョコレート

ヨーロッパでは暦の毎日が、いずれかの聖人の日となっており、それぞれの聖人はいろいろな職業の守護をしたり、さまざまな役割を持っている。

さて二月一四日だが、この日は聖ヴァレンタインの日とされ、愛の記念日とされている。でもなぜ？　これについてはいろいろな話が伝えられている。聖ヴァレンタイン（サン・ヴァレンティノ：San Valentino）はローマ帝国最盛期の一七五年頃、イタリアのテルニという町で生まれ、後に同地に教会を建てて司教になった。当時、皇帝クラウディウス二世は強兵策のひとつとして兵士たちの結婚を禁止していた。若者たちの熱い想いに理解を示したヴァレンティノはその命にそむいて多くの結婚を取り持ち、そのために皇帝の怒りを買い処刑されてしまったという。この殉教の死の記念日が今日的な意味合いを持つ記念日に結びついていったといわれている。

あるいは他説では、いろいろな病を治す奇跡を次々と起こして尊敬を集めたり、また彼の執り行いによって生まれたカップルはみなハッピーになった等々の話も数多く伝えられている。ただ彼の処刑については、その頃の時代背景によるところも大きい。当時は、ローマではキリスト教そのものをまだ正式に認めていなかったのだ。

すなわちすべての人々は生まれながらにして平等であると説くキリスト教の教えは、皇帝崇拝を基幹とするローマの統治システムに反するものであった。このことも伏線にあってか、二七三年二月一四日、ついに彼は捕らえられ殺されてしまった。後、三一三年にやっとキリスト教が認められ、一六四四年にはローマ教会の会議で、彼に聖人の称号が与えられ、さらに生まれ故郷のテルニの町の守護聖人とされるに至ったのだ。

こうしたさまざまな話が集合し、ついにはパトローノ・デル・アモーレ（Patrono del Amore）、すなわち愛の守護聖人とされるに至った。時が移り、これらの諸説を元に、親子が愛の教訓と感謝を書き残したノートを交換し合う習慣とダブりながら、二〇世紀になってから、転じて男女の愛の告白の日となり、次いで日本では、日頃の慎ましやかさ（？）の裏返しからか、特に女性から男性に愛を打ち明けてもよい日とされるようになっていった。

ではなぜこの日にチョコレートを贈るようになったのか。実はロシア革命で祖国を逃れてきたヴァレンティン・モロゾフとヒョードル・モロゾフという親子が、日本でお菓子屋を開き、「ヴァレンタインデーにチョコレートのプレゼントを」という販売促進のための広告を、昭和の初期に英字新聞に載せたのが始まりといわれている。以後、段々とエスカレートし、ついにはこんなにも大きなイベントになってしまった。

今ではこの波はお隣の韓国を始めとしたアジア圏はもとより、フランスやスイスといった洋菓子の本場の国々に広がりを持つまでになっている。

天皇誕生日――二月二三日

紅白饅頭、紅白すあま等
日本の国家の日《ナショナル・デー》と定められている国民の祝日で、今上（令和）天皇の誕生日は二月二三日である。昭和二三（一九四八）年までは天長節と称されていた。
この天長節の起源について調べると、唐の玄宗皇帝の誕生日を祝ったことに始まりを持つという。中国暦の開元一七年、和暦の天平元年（七二九年）に千秋節と称されたが、その後の天宝七年（天平勝宝元年、七四八年）に天長節と改められた。天長とは老子の言葉の中の「天長地久」から来ている。

日本では宝亀六年（七七五年）、光仁天皇の時代の一〇月一三日（現在の一一月一〇日）に天長節の儀が執り行われた。近代においては、明治元年（一八六八年）に天長節を国家の祝日として祝している。以来天皇の誕生日にあわせて天長節が祝われ、昭和二三年まで続けられてきた。そしてそれ以降は天皇誕生日と改称され、今日に至っている。

ところで、当時は昭和天皇の時代で、その日は四月二九日であり、五月の連休につながる、いわゆるゴールデンウィークと呼ばれる大型連休の始まりに位置していた。その後その日はみどりの日とされ、現在は昭和の日として、国民の祝日のひとつになっている。ちなみにみどりの日は、五月四日に移動し、三日の憲法記念日と五日のこどもの日をつなぐ大型連休の一部となっている。

なお、平成天皇であった上皇の誕生日は一二月二三日で、クリスマス・イヴの前日であった。よってクリスマスを含む冬休みに連なる日として、商業施設等は盛り上がりを見せ、製菓業界も前倒しでクリスマスケーキを楽しむ人たちに対し、大いなる貢献を果たしてきた。

令和の時代のこの日はどのような形で祝われ、親しまれていくのか楽しみの膨らむところだが、いずれにせよ国民は、さらなる敬愛の念をもってこの日を迎え、祝賀の意を表していくことと思われる。

また、当日を祝うに当たってのお菓子だが、かつては他の慶事と同様、めでたさを表すべく紅白二色に作られた饅頭やすあまなどが振舞われたりしたが、近年はそうしたものを目にする機会は少なくなってきた。他の美味しいものが増えてきたことにもよろうが、時代とともに味覚や感性も変化し、また求められるものも変わってくる。この先どんなものをもって祝賀の気持ちを表していくのか、大変興味がもたれるところである。またその辺りの掘り起こしや商品開発がスイーツの分野の面白いところでもある。

カーニヴァル——二月～三月にかけての移動祝日
お面形の揚げ菓子、ピエロ形のチョコレート、アントルメ

キリスト教にはいろいろな催事があるが、毎年その月日が決まっているものと、そうでないものとがある。後者は移動祝日と呼ばれているが、ここに取り上げる「カーニヴァル」もそうしたもののひとつである。なにぶん宗教上のことゆえ、少々ややこしいところがあるが、その何たるかを以下に記す。

「カーニヴァル」とは、「四旬節《しじゅんせつ》」の直前の三日ないし一週間にわたって行われるお祭りで

ある。よって毎年のその日は一定せず、二月〜三月にかけてのいずれかの日に行われる。ちなみに「四旬節」とは、キリスト教の教会暦で、「灰の水曜日」から「復活祭」(春分後の満月の次に迎える日曜日)の前日までの六週間半をいう。四旬とは四〇日の意味で、この間の主日とされる日曜日を除いた日数が四〇日となるので、この名が付けられている。かつてイエス・キリストが行った四〇日間の断食を記念する聖節がその「四旬節」というわけである。

なお、その期間はキリストが荒野で断食をしたことを偲んで、信者たちは肉食を絶つわけだが、ならばその前に存分に肉を食べて楽しく遊ぼうではないか、というのがここにいうカーニヴァルなのだ。このあたりがいかにもラテン系らしいところといえる。

ちなみにこれは「謝肉祭」と訳されているが、語源はラテン語のカルネ・ヴァレ(肉よさらば)、またはカルネム・レヴァーレ(肉食をやめる)にあるとされている。

他に目をやれば、イスラム教の神聖月たるラマダン(断食月)にも同じようなところがあるが……。前述した「灰の水曜日」にも触れておこう。これは、人間は神様により、宇宙の塵から造られたものにすぎない、ということを思い起こさせる日である。そして前の年の「枝の主日」に使った枝を焼き、その灰を額に付ける。なお「枝の主日」とは、「復活祭」の一週間前で、主イエス・キリストがエルサレムに入場したことを記念する日。この折、民衆がシュロの枝を振って歓迎したことからこの名がつけられている。

また信者たちは教会で祝福を受けたそのシュロや猫柳の枝を持ち帰り、翌年の「灰の水曜日」まで飾っておく。宗教のことゆえ、次々と説明を要する言葉が出てきて恐縮だが、そうしたことが基盤となっている文化圏でのこと、ご容赦いただきたい。

さて、そのカーニヴァルだが起源はローマ時代で、キリスト教の初期にあたり、人々をこの新宗教に入信させるべく彼らの間で行われていた農神祭（一二月一七日～一月一日）を認めたもので、キリスト教としては異教的な祭りであった。こうして後、キリスト教によって受け継がれ、一二月二五日から始まって、新年の祭りと「公現節」（主顕節・一月六日の祭り）とを併せ含むようになり、それがヨーロッパの北国では宗教的な意義を持つ屋内でのアットホームなクリスマスとなり、南国では、日にちが少しずれるが戸外のお祭り騒ぎを主とした「カーニヴァル」になった、というわけである。

「カーニヴァル」の行事としては、起源的には戸外の仮装、または仮面行列や張子の偶像がつきものだが、これらは時代や国によって異なる。農村では春を迎えての豊作や多幸を祈念する祭りとなり、「カーニヴァル」特有の仮面や仮装も悪霊への威嚇という意味を持っていたが、教会ではもっぱら戸外での遊びとなり、張り子の偶像などを繰り出して楽しむ行事となった。また「カーニヴァル」の最終日は「懺悔の火曜日」というが、中世の時代、この日の朝、すべての教会が鐘を鳴らして、信者たちに懺悔をしにくるよう合図を送る習わしがあった。

なお、昔はローマが中心であったが、そんな流れもあってか、現在もローマカトリックの国々で行われている。ただどこでもというわけでもないようだ。たとえばフランスでもパリあたりでは全くといっていいほどやらないが、南仏のニースでは盛んで、他にイタリアのベネツィア、ドイツのケルン、スイスのバーゼル、他大陸ではアメリカのニューオリンズやブラジルのリオデジャネイロあたりが盛んである。

では、その日に祝われるお菓子に目を転じてみよう。たとえばスイスの山村では、ファストナハツキュッヒリ（Fastnachtchüechli）とかローゼンキュッヒリ（Rosenchüechli）と呼ばれる、慣れないと舌をかみそうな名の揚げ菓子などを山積みにして、お祭りを盛り上げているし、ニースなどでは盛んにおもしろおかしいお面の形やおどけた顔のお菓子、マスク・ド・カルナヴァル（Masque de Carnaval）が並べられ、子供たちも仮面の行列にはしゃぎながら、それらを求めている。

またピエロ形のチョコレートやカーニヴァルをデザインしたアントルメ類もショーウインドーを飾る。パン屋さんも同様、ピエロに似せた滑稽な形のパンを焼き上げている。こうして人々は、長く続いた重苦しい冬を払いのけるかのように、お祭り気分に浮かれ楽しんでいる。

三月・弥生《やよい》

春の味覚――三月～五月

草餅

春は、ものみなすべてが息を吹き返し、草も木も新しい芽を吹き、大自然に命が甦る。川底や海の底に眠っていた魚たちは水面に飛び跳ね、動物たちも眠りから覚めて野山を駆け回る。そう、大地は新しい命に満ち溢れるのだ。

ちなみに春の代名詞のような三月を表す弥生《やよい》とは、「いや生ひぬ」が語源で、それが縮まり、「弥生《やよい》」になったといわれている。これはいわずもがな、この時季になると、草木がいやが上にも生え萌えて、大地を緑が覆い始めてくるという意味なのだ。厳しい冬に閉じ込められていた人々は、待ち焦がれたように野に山に繰り出し、草を摘み、花を愛で、鳥のさえずりを楽しむ。

さて、こうした先で人々はさまざまなものと出会いを持つが、そうしたもののひとつの、摘みたてのよもぎの若芽で作る草餅は、香りもたいへん強く、訪れた春を喜び、心豊かにするすばらしい逸品といえよう。よもぎの持つ自然の香りと味と、そして鮮やかな緑の色合いも一緒に楽しめるお菓子、それがここに取り上げた草餅である。

桜餅

春をイメージした時に、日本人の誰しもがまっ先に、そして無条件に頭に思い浮かべるのが桜であろう。これはもう日本人の心のふるさとのようなもの。それにしても何ゆえこうまでこの花は私たちの心を捉えるのか。咲きっぷりのよさか、散り方の潔さか。いずれにしてもひとこと「花」といえば、俳諧ではこの桜を指すほどに花々の右代表なのだ。

さて、花を愛でることはさておき、この葉を利用したすばらしいお菓子も生み出された。桜餅である。江戸は向島の長命寺《ちょうめいじ》の門前にある「山本や」が、享保二（一七一七）年の桜の時季に売り出したのが始まりといわれている。その元祖たる桜餅は、中身がどこにあるのかわからないほど大きな三枚の塩漬けにされた葉で覆われており、今でも名物として脈々と作り続けられている。

なお、現在ではそれを基にアレンジした形のものが、全国各地で親しまれるまでになっている。通常見かけるのは、関東では小麦粉生地に漉し餡。関西では道明寺粉を生地に使い、餡入りと餡なしのものが作られている。ちなみに道明寺粉とは、もち米を水につけて蒸し、乾燥させたもの。そもそもは大阪河内の道明寺で、貯蔵食品として作られたもので、その名の由来もそこにあるという。またこれは、別に道明寺糒《どうみょうじほしい》とも呼ばれている。

わらび餅

春の和菓子舗における定番品のひとつ。基本的にはわらび粉に水と砂糖を加え、火にかけて練り、容器に流して固め、小切りにしてきな粉をまぶす。なお、ここに吉野葛を加えると、より弾力のある口当たりと、なめらかな口溶け感を与えることができる。ところでこのお菓子の足跡をたどると、明治八年に行われた奈良遊覧会に初めて出品され、それを機にスポットライトが当たったという。以来これは奈良の名物として広く知られるようになっていった。なお今日では、同県に限らず、各地で作られ楽しまれている。

わらびとはウラビシ科に属する山菜の一種で、日当たりの良い草原に自生する。人為的に栽培されるようになったのは、明治時代以降で、今日出回っているもののほとんどはそうした人工的な栽培品で、若葉と葉柄が食用とされている。またわらび粉とはこの地下茎から採ったでんぷんである。そしてこれを用いて作られるのがわらび餅というわけである。ぜんまいとともに春を告げるこの多年草が芽を出してくると、気温がまだ低くても気分はもう春。ぜひともご家庭でこのわらび餅をお作りになられては？

春の結婚シーズン――三月〜五月

紅白饅頭、紅白すあま、羊羹・練り切り（三つ盛り、五つ盛り）、バウムクーヘン、各種洋菓子、ドラジェ、お赤飯、ウェディングケーキ（六月のジューンブライドの項参照）等

どこの国にもあるだろうが、日本にも結婚シーズンというものがある。ただ他所《よそ》と比してやや趣きを異にするのが、春と秋に分かれているところだろう。これは多分に我が国特有の気候風土に起因するものといえよう。

そこでそのブライダルだが、春の結婚シーズンは三月から五月、そして秋のそれは一〇月から一一月とされている。なぜ二シーズンに分かれるのか。これについては、その間の六月は梅雨で日本中が水浸しになり、明けると一転連日の猛暑。今日ではどこも空調が完備されていて何とでもなろうが、それがなかった時代はさぞや大変だったに違いない。せっかくの花嫁さんのお化粧も台無しになってしまう。

またお式や披露宴に呼ばれる方もたいていではない。たとえば冬や合用と夏用の礼服を備えている家庭も今ほどはいなかった。早い話、国中がさほどに豊かではなかったのだ。よって当事者もその周辺も何かと気を遣うことが少なくなかった。

また年末年始は慌しいし、二月は極寒のさ中にある。で、結果、気候的にも快適な三月〜五月と一〇月、一一月に落ち着いたという次第。

この二シーズンの期間中は、ホテルや会館等の結婚式場はどこも予約で満杯となる。しかもその間の大安や友引きといった吉日ともなると、相当早くに手を打たないとキープすることは至難の業となる。逆に式場側は、おめでた事にはそぐわないとしてお手すき状態にある、仏滅の日などに割引価格を設定したり、特別なサービスや特典を設けるなどしてお客様を誘導し、集客の分散化を図ったりもしている。宴の舞台裏にもけっこう切実なドラマが展開されているのだ。

引き出物&引き菓子

さて、その結婚式においては、日本流の披露宴なるものが付き物となっている。そして宴の終了後には、引き出物と引き菓子が用意され、招かれたお客様方は、それらを手に、「今日のお式はよかったねぇ」などといいながらそれぞれの帰途につく。

その引き出物とは、たとえば花瓶とか時計、ボンボニエール、朱塗りお皿、小鉢、ティーカップのセットといった後々形として残る物、もうひとつは食べて楽しんでいただく引き菓子と呼ばれるもの。

ここでは後者に的を当てて筆を運んでみる。この分野の〝和〟の方のメインキャストといえば、何はさておいても杉折の箱に詰められた三つ盛りや五つ盛りの羊羹と練り切りであろう。これぞまさしく結婚式の定番中の定番である。デザインは松竹梅に鶴と亀。いずれにしてもおめでたいものと昔から相場が決まっている。そして大きなものが三つ入っているのが三つ盛りで、やや小ぶりのを五つ入れたのが五つ盛り。式に参列したり宴に招かれた両親が持って帰るこのお土産を子供たちは大層楽しみにしていたものである。

洋風のウェディングケーキと杉折の和菓子の詰め合わせ。この取り合わせも、それはそれで悪くない。日本人の心の柔軟性を如実に示した一例といえよう。なおその他では、紅白饅頭や紅白の砂糖の詰め合わせ、おめでたいとして鯛の形に詰められた砂糖なども、引き菓子の一種といえようか。

〝洋〟の方を見てみよう。

「幸せの年輪」といったキャッチフレーズが効いてか、ドイツやルクセンブルク地方の銘菓たるバウムクーヘンが長らく親しまれてきた。作る側としても量産ができ、また日持ちがして、遠方に持ち帰っても壊れない、などの好条件が揃っていることにもよるが、今では結婚式の引き菓子としてはすっかりおなじみの品となっている。

そしてそこにあまたのクッキー類やマドレーヌ、チョコレートの詰め合わせ等々が加わり、さらには昨今、チーズケーキやチョコレートケーキといった、今までは持ち帰りに難しいのではと思われていたような生菓子類まで加わり、ついにはお菓子のジャンルにおけるオールラウンドのギフト市場になってきた。加えて昨今は、リッチに焼き上げた食パンなども引き出物分野に進出し、ブライダル市場を賑わせている。

また宴のお開きの際には、お客様のお見送り時に、これまではテーブルの上を飾っていたお花などを新郎新婦の手から一本ずつ手渡していたが、昨今はアーモンドを糖衣したドラジェ（dragée）などに置き換わってきた。このドラジェの起源は古代ローマ時代まで遡る。伝えられるところによると、紀元前一七七年、ローマの名家であるファビウス家では、自分の家に子供が生まれた時や家族の誰かが結婚した時に、喜びの印として多くの市民に蜂蜜をまぶしたナッツを配ったといわれている。このことが今日に引き継がれ、ヨーロッパでは誕生日や洗礼式、聖体拝領、婚約式、結婚式といった、いわゆるおめでたごとの時には、ドラジェを配る習慣がある。いってみれば日本での紅白饅頭のような使われ方である。

なお、洗礼式や聖体拝領の時は、男子ならブルー、女子はピンクに糖衣したものが用いられる。ところで、結婚式以外の場合、ドラジェの中身はチョコレートなど何でもかまわないのだが、こと結婚式に限っては、配られるそれには必ず生のアーモンドが用いられることになっている。何となれば、そこには新しい命の芽吹きと子孫繁栄への願いが込められているからである。よって軽く焼いたものの方が香ばしいじゃないかといわれても、それはNG。どうあってもこれに限っては生のものでなくてはならないのだ。

そこまでの理解がなされているか否かは分かりかねるが、日本にもようやくこの習慣が取り入れられ、近頃はどなたのお式に招かれても、たいてい帰り際にすてきにまとめられた小さなブーケ状のドラジェを手渡されるようになってきた。

ともあれお菓子はいろいろな場面で役に立っている。そう、スイーツ界にとってブライダル産業は大きなマーケットなのである。

ひな祭り——三月三日

白酒、ひなあられ、菱餅、いちごのショートケーキ

三月ともなると、陽気もよくなり、とたんに身の回りが華やいだ気分に包まれてくる。

そんな華やぎが形として表されたのがひな祭り、桃の節句といわれる女の子のお祭りであ

る。昔は宮中においてお供え物をしたり、〝曲水の宴〟を催したり、今でいうちょっとしたパーティーを行ってお祝いをしたという。そして江戸時代になって、ひな遊びが盛んになってくると、ひな人形を飾ったり、菱餅やひなあられ、白酒などを供えてのお祝いになっていった。今日あるそうした習慣も、遡るとその頃からのものを引き継いでのことなのだ。何段飾りと豪華さを謳うコマーシャルには、思わず目を奪われるものがあるが、あの飾りのひとつひとつに天平の頃よりの生活様式が如実に表されており、紛れもない民族的な文化遺産を見る思いがする。そのおひな様たちに、まるで生きているかのように接して、白酒やひなあられを供する。かつての宮中の神事や遊び心が、子供たちの世界に打ち重なり、また過去や現在という時空の壁もいつしか知らぬうちに取り払われるという、思えば不思議な世界の現出が、かくいうひな祭りなのだ。

ところでお供えする白酒だが、蒸したもち米と米麹に味醂《みりん》もしくは焼酎を加えて放置し、すりつぶして造るもの。どうして、りっぱなお酒である。子供の、特に女の子のお祭りにそんなものを用いていいのかとも思うが、まあホントに飲む子もいないだろうし、いってみればおままごとのような遊び心である。ただそんなところにも、古人《いにしえびと》が好んで口にしたであろう日本酒の原点たる濁り酒の姿を見てとることができる。

ひなあられについては、いつから今日のような形になったのかは定かではないが、米を炒って甘くしたものが、かつてはすばらしいご馳走であったことは想像に難くない。今は美味しいものが溢れて、何を食べてもありがたみが薄れてしまっているが、昔の人やその頃の子供たちが、いかにこのお祭りを大切にしてきたかが、こんな小さなお菓子のひとつからも垣間見えてくる。

続いては菱餅。宮中では古くより菱形のお餅が供えられており、江戸時代にひな祭りが盛んになった折、その形の餅もひな飾りに登場してきたようだ。また色については、普通は赤、白、緑の三色だが、ところによってはまるでオリンピックの五輪のマークのように、薄紅色、黄色、緑、茶または黒、白といった五色のものもある。お餅の他にも、色や形をそのまま移したおこしや砂糖菓子も作られている。いずれにしてもこれも古い宮中よりの習わしを継いできたもの。

ひな祭りは思えば一種のタイムスリップといえようか。ひとときせわしない現実を離れ、雅の世界に心を移すのも悪いものではない。たとえその一瞬だけでも、時がゆっくりと流れていく。

ところでこの三月三日、昨今は和菓子業界だけにとどまらなくなってきた。洋菓子業界もにぎやかに参入している。これまでにもクッキーだのパウンドケーキだのと、いろんなお菓子でトライされてきたが、いつしかいちごのショートケーキに落ち着いていった。さまざま試みたけれど、日本人はやっぱりこれが一番好きだったということのようだ。それに愛らしいいちごのケーキというのも、いかにも女の子らしくていいじゃないかという、感覚的な面も重なっていったものと思われる。そして何よりそこに拍車をかけたのが、大手洋菓子メーカー（不二家）の〝ひな祭りにはいちごのショートケーキを〟という、ラジオの時代からのマスコミを通したコマーシャル。これは効果的であった。

今ではクリスマスもかくやとばかりの、ひな祭りケーキを積み上げての商戦が、百貨店や地下街、あるいは各駅前で繰り広げられている。洋菓子業界のたくましさが浮き彫りにされたひとこまだが、ひょっとすると次は、欧米の習慣に和菓子業界が意欲的に参入していく番か。いや、もうすでにそこここに。

ホワイトデー――三月一四日

マシュマロ、キャンディー、焼き菓子、チョコレート、饅頭、最中、羊羹、煎餅等々和洋を問わずすべてのお菓子

ヴァレンタインデーにチョコレートのプレゼントを受ける。いただきものをしたからには、そのままというわけにはいかぬ。義理を欠いては男がすたる。何かしらお返しをしなければ。

そうしたことに特に律義な日本人特有の礼節を尊ぶ心をたくみに捉え、もはやはずせぬほど大きな催事にまで発展させたものが、ここに取上げるホワイトデーである。

一九六八、九年頃、すでにリターン・バレンタインと称して、チョコレートのお返しの動きはあったというが、確認できるところではもう少し後。一九七八年に、ヴァレンタインデーの大ブレイクを横目に見て、ならばそのお返しにと、マシュマロを手がけていた九州博多の石村萬盛堂というお菓子屋さんが仕掛けたのが始まりという。なお当初はマシュマロデーといっていたというが、一九七九年に全国飴菓子協同組合が、「いやいやチョコレートのお返しにはキャンディーを」と働きかけ、その日をキャンディーの日と名付けて、改めてマーケットにアプローチをかけていった。

そのうちに誰がいったかホワイトデーの名称に落ち着き、今日に至った。理由については、「幸運を招く」とか「ラッキー」の意味を持つ白にちなんでその名が付けられたとも。加えて、白という色はマシュマロを連想させるともいわれているが、実のところ、真相はよく分かっていない。いずれにせよ、誰かがいったからこの名称になったのだが、その誰かが未だに不明。普通これだけ市民権を得た大きな催事になったら、いや実はそれは私が、などと名乗り出てきそうなものだが、誰も出てこない。きっと奇特な方なのだろう。何でもはっきりさせるより、こうしたファジーなことがあってもいいのかもしれないが。

もろもろのいきさつはさておき、この仕掛け、お返しという行為を再認識させたという点では、その効果は絶大なものがあった。そして今では、ヴァレンタインデーを凌ぐほどの大きな商戦に成長を遂げるに至った。

春のお彼岸——春分の日を中日とした前後七日間

ぼた餅

春分の日は、日本における国民の祝日のひとつで、天文観測により春分がおこる春分日を休日と定めている。通常三月二〇日または二一日のいずれかの日となっている。巷間では、短かった昼が延びて、夜と同じ長さになる日といわれているが、実際には昼の方が夜より少しばかり長い。詳細はさておき、この日をお中日《ちゅうにち》とした前後の七日間をお彼岸と称し、この期間に行う仏事を彼岸会《ひがんえ》と呼んでいる。

秋における秋分の日も同様で、お中日を挟んだ七日間を秋のお彼岸といい、同じく彼岸会を行っている。ちなみに、双方とも始まりの日を「彼岸の入り」、終わりの日を「彼岸明け」という。ところで、なぜお彼岸にお墓参りをするのか。お彼岸は元々サンスクリット語のパーラミターが語源とか。これを仏教用語にして、音読みしたのが波羅蜜多《はらみった》で、「完成する」

とか「成就する」という意味だが、仏教の概念では、欲や煩悩、苦しみに満ちた世界から解脱し、迷いのない悟りの境地に達することを表すもの。この悟りの境地「パーラミター」を、川をはさんだ向こう側、すなわち彼岸に例えたのが、私たち日本人が行っている伝統行事としての「お彼岸」である。

反対に煩悩に満ちたこちら側の岸は此岸《しがん》と呼ばれている。我々日本人における古来よりの自然観やご先祖崇拝の心から、亡くなった家族やご先祖は迷いのない彼岸へと渡り、時々私たちの生きる此岸に戻ってくると考えるようになった。

春分の日と秋分の日には、太陽が真東から昇り真西に沈むが、それによって彼岸と此岸とが通じやすくなり、その時期に供養することで、ご先祖の冥福を祈るとともに、自らもいつの日か迷いのない彼岸に行けるようにと願った。これがお彼岸の行事であり、そのための場所がお墓であるゆえ、その時期にお墓参りをするわけである。

さてその折は、古くよりぼた餅をもって来客をもてなし、ご先祖の供養を行ってきた。ぼた餅とは、お餅またはご飯を餡で包んだお菓子である。美味しいご飯やお餅を、特上の美味とされた餡で包んだこれは、いろいろなものに囲まれている今では考えられないほどに贅沢極まりないもので、いわば最上級のおもてなしである。呼び名については、春咲く花の代表格の牡丹からきている。すなわち牡丹の持つ華やぎから、文字としても美しく「牡丹餅」と書いてこのように読ませている。また、「萩の餅」とした表現もある。縮まって「お萩」の方が通りがよくなっているが、これはまぶされた小豆の粒が咲き乱れた萩の姿に見えるからという。

なお、本来は春に作られるものは牡丹餅といい、秋のものはお萩と呼ぶべきものだが、昨今は「ボタモチ」の響きをボタッとしたように受け取ってか、野暮ったいと感じる向きもあるようで、季節を問わず「お萩」の方が通り相場も良くなってきている。しかしながら牡丹にせよ萩にせよ、そのたとえがきれいでいい。我が国特有の情緒を感じる。こうしたお菓子で供養されれば、ご先祖様も喜んでくれるに違いない。

お花見——桜の咲く時季

お団子他、和洋菓子全般
お花見とは、主に桜の花を鑑賞し、愛で、春の訪れを祝い喜ぶ我が国古来の風習である。なお、梅や桃の花でも行われるが、いつしか群を抜いた華やぎから桜が主となり、観桜なる語でも呼ばれるようになった。
ところでこのお花見は、一人で眺め感じ入ってもいいが、古くより我々日本人は多人数でワイワイ賑わいながら愛でることを楽しんできた。その折、普段食べないようなちょっと豪華で贅沢な「花見弁当」と称するものや、お酒、お菓子をもって繰り出し、桜の木の下で、文字通り飲めや歌えの宴会を催してきた。楽しみの少なかった時代には、春の訪れを祝う一大イベントだったのだ。

なお、日本列島は長く、季節の移ろいもそれに順ずる。よって南の方は早ければ二月中にも開花し、北の方はゴールデンウィーク明けにやっと開花の時期を迎えたりするが、一般的には三月〜四月と捉えられている。

さて、そのお花見におけるスイーツだが、〝花よりだんご〟のたとえの如く、その宴の象徴的な役割を担う。いってみれば究極のご馳走である。今でこそスイーツは日常に溢れているが、昔はこよなく贅沢品であった。よって、めったに口にできないものも、この時ばかりは満開の桜花を愛でつつ、ご馳走を食べお酒を飲み、思う存分甘い物を口にし、かつ歌い踊って春本番の到来を楽しんだのだ。

その時のお菓子はって？　古典的な習わしに従えば、先ずはお団子、そして定番の羊羹、最中、今の人たちならそこにクッキー、マドレーヌ、フルーツケーキにショートケーキ、プリン等々、早い話が何でもありのスイーツバイキング……。

卒園、卒業――三月下旬

デコレーションケーキ

親御さんにとっては、お子さんの卒園並びに卒業は、こよなく感慨深いものがある。あの小さかった子が、今日をもって卒園、あるいは卒業して上の学校に、さらには晴れて社会人に……。胸には万感迫るものがあるはずだ。

日本の場合は概ね三月に区切りをつけて、四月から新しい道を歩むことになっているが、これは三月を持って年度末とする社会制度に合わせたもの。それにつけても、咲き始めた花のもとに、これから先の人生も咲き始める……。このあたりに何ともいえぬ日本的な情緒の深さを感じる。

さて、こうした特別な日には、やはり特別なものでお祝いをしたいもの。その日の食卓には、〝○○ちゃん、卒園おめでとう〟、あるいは〝○○（君、さん）、卒業おめでとう〟と書かれたプレートの載ったデコレーションケーキがあってほしい。さすればその日は、とりわけ思い出深い日として、終生深く熱く家族全員の心に刻まれるはず。

イースター（復活祭）――三月～四月（春分後の満月の次の日曜日）

イースターエッグ、チョコレート

イエス・キリストの復活を祝う、キリスト教世界における春の最大の行事である。イスラエルの安息日が土曜日に始まるため、その前日の金曜日、一三日にイエス・キリストは十字架にかけられた。その三日目の日曜日、墓の石は除けられ、キリストの遺体は消えていた。イエス・キリストは捕らえられる前に弟子たちを集め、自らのこの先を予言し、また甦ることを告げたが、まさにその通りになったとして、キリスト教では、これを奇跡とした。弟子たちは後に日曜日に集まり、この奇跡＝復活を祝った。

時が経つにつれ、この祝日がふたつに分かれる。東方教会ビザンチウムの方では、イスラエルの「過ぎ越しの祭り」の日、ユダヤ暦ニサンの月の一四日に、また西方教会ローマ・カトリックでは、キリストが復活されたのが日曜日ということで、過ぎ越しの日の近辺の日曜日に行っていた。しかし三二五年のニカエアの会議で統一され、春分後の満月の最初に迎える日曜日と定められ、現在に至っている。正確にいうと、三月二二日から四月二五日までの間のいずれかで、こうした日は移動祝日と呼ばれている。よってこの日を元に定められる聖週間（復活祭直前の一週間で、枝の主日から聖土曜日まで）や「灰の水曜日」、「四旬節」、「カーニヴァル」といった日がすべて順送りで変わってくるわけである。

なお、「聖土曜日」の前は「聖金曜日」、「聖木曜日」とされているが、「聖木曜日」とはキリストが弟子たちと最後の晩餐を摂った日である。この日から「復活祭」までを「過ぎ越しの三日間」といって、キリストの受難と死と復活を記念して荘厳なミサが行われる。「聖金曜日」とは、キリストがゴルゴダの丘で十字架にかけられたことを記念する日。聖土曜日は、天に召されたキリストが埋葬されたことを記念する日である。少しばかりキリスト教に立ち入り過ぎた感があるが、お菓子と文化を語るにははずすわけにもいかず、悪しからず……。

さて、その復活祭だが、語源とともにその成り立ちを追ってみよう。フランス語のパーク（Pâques）やスペイン語のパスクァ（Pascua）、イタリア語のパスクァ（Pasqua）といった呼び方はユダヤ教の「過ぎ越しの祝い」を表すヘブライ語のパスクから来ている。また英語のイースター（Easter）やドイツ語のオステルン（Ostern）は古代ゲルマン民族に伝わる春の女神エストレから来ている。なお、この日は春分の日の近くである。すなわち長い冬に決別し、太陽が夜にまさり、ものみな芽を吹き、その年の収穫を祈念するなどの農神祭的な意味を持つ時期でもある。そうしたもろもろを鑑《かんが》みつつ要約すると、ユダヤ教にある過ぎ越しの祭り（エジプト脱出を記念する祭り）が、キリストの復活を記念する祭りとオーバーラップし、さらに春の到来の祭りと重なっていったのである。

さて、日本でも「イースター」を祝う風潮は、近年いくらか見かけるようになってきたが、それでも欧米に比べれば、いまだしの感は免れない。さりながらキリスト教文化圏では、春先のこの時期はどこへ行こうと、「イースター」一色に染まる。復活ということにちなんで、お菓子屋さんの店先には鶏や卵の形をしたチョコレートやヌガーが並び、その卵にはその国の言葉で綴る「復活祭」の文字や、さまざまなデザインのデコレーションが施される。また卵の殻をそのまま使って、中に生地を流し込んで焼いたチョコレートケーキなども登場する。さらにおめでたごとによく作られる和菓子の巣ごもりを思わせるような形のアントルメ（食後のデザート菓子のこと）が作られ、その中にかわいい小鳥や卵をかたどったお菓子が入っている。

卵や鶏については、親鳥が卵を産み、それがかえってひよこになり、成鳥となってまた卵を産むという、生命の復活になぞらえたもの。なお、うさぎの形のチョコレートなども見かけるが、これについては、寒い間は穴にこもっていたものも、春の訪れとともに野山を駆け回り、また幸運の卵をくわえてくる、ということになぞらえたものである。そしてこの他に、近頃はリスやワンちゃん、ニャン子等々、かわいらしい動物なら何でもＯＫという、賑やかな催しになっている。パリあたりもこの頃になると、ようやく三寒四温の季節となり、パーク（復活祭）のお休みとして一～二週間のヴァカンスに入り、学校も会社も休みで、街中は急に活気を取り戻し賑わいを見せる。そしてセーヌ河畔は、愛を語らう恋人たちに占領されてしまう。「復活祭」、それはヨーロッパの春の最大の行事なのである。

四月・卯月《うづき》

ポワソン・ダヴリール（poisson d'avril）――四月一日

魚形のチョコレート

四月一日というこの日は、日本では英語圏にならってのエイプリル・フールで、当日に限っては悪意のないいたずらや軽いウソが許されるという。ただ実際にはエイプリル・フールは〝だまされた人〟を指し、その日を指しては正しくはエイプリル・フールズ・デー（April Fool's Day）と呼んでいる。なお、ホントのホントというのも変だが、正式にはオール・フールズ・デー（All Fool's Day）で、日本語では「万愚節」と訳されている。よくいわれる〝四月馬鹿〟も分かりやすいが、少しばかり直接的過ぎる気がする。その点、「万愚節」の方がいくらかまぎれてソフトに聞こえなくもない。なお、フランスではこの日はポワソン・ダヴリール（poissonn d'avril）と呼ばれている。訳すと「四月の魚」である。フランスは何につけ、アメリカのいうままにならないにせよ、なぜこの国だけが同じ日にもかかわらず、エイプリル・フールではなく「四月の魚」というお祭りなのか。

これには諸説あるようだ。この魚はサバを指すという。サバという魚はあまり利口と思われていないらしく、四月にはいとも簡単に釣られてしまうとかで、そんなところから四月一日にはこれを食べさせられた人を「四月の魚」という、との説がある。またサバはフランス語ではマクロー（maquereau）というが、これは女性を騙して貢がせて暮す男の意味もあり、またその他に〝誘拐者〟という意味もあって、四月は人を騙す誘拐者が多いからだ、などという穏やかならざることに起因するとの説もある。そしてそれらが英語圏での騙すという意味につながっていったともいう。こうした話からすると、エイプリル・フールとも全く無縁というわけでもないことが分かる。その他では、四月になると太陽が魚座を離れるので、それが起源という説もある。

そんな中でも次のようなユニークな、でも何となくもっともらしい説も伝えられている。初期の頃の教会では、魚はキリスト教を表すシンボルであり、迫害されたキリスト教徒は、この魚を暗号として使っていたという。あちらではアルファベットの文字をちょっと並べ替えて別の言葉を表すアナグラムという遊びがある。いってみれば日本でのシャレのようなものだが、その遊び心をもって、魚を表すギリシャ語のichtusの文字からイエス・キリスト(Jesus Christ)の意味を読み取っていたというのだ。後にキリスト教徒が迫害されなくなっても、教会は相変わらずキリストを表すのに〝魚〟の語を使っていた。ちなみにテリトリアヌスは、キリストを大きな魚、キリスト教徒を小さな魚と呼んでいた。テリトリアヌスとは、二〜三世紀のカルタゴのキリスト教神学者で、二三〇年頃に、「父と子と聖霊」という三位一体の表現を用いたことで知られている。

加えてもうひとつ紹介させていただく。そのもともとの起源は一六世紀にあるという、以下の説である。フランス国王シャルル九世が、一五六四年にヨーロッパで初めてグレゴリオ暦を採用した。この年の新年は、現在の一月一日から始まることを決めたのだ。ところが旧暦に馴染んでいた人たちが、それまでの新年である四月一日に冗談で祝賀を述べ合ったという。このことから四月一日は冗談が許される日となったといわれている。そしてフランスで始まったこの風習がイギリスに伝わったのは一七、八世紀といわれ、オールフールズ・デーとして親しまれるようになった、ということである。かように調べると諸説尽きないが、いずれにせよポワソン・ダヴリールは、この時期になると草花はよみがえり、川底や海底に眠っていた魚たちも目を覚まして水面に躍る。つまり森羅万象すべての生きとし生けるものが息を吹き返す、いわば春本番の行事というわけなのだ。

お菓子屋さんの店頭には、とぼけた顔や全くリアルにかたどった魚形のチョコレートが、色とりどりのリボンやラッピングで飾られ、プレゼント用に仕立てられる。人々はそんなウィンドーの風景に春の到来を確認する。中を開けると、魚のお腹の中には、卵形のボンボンやマジパン菓子、一粒チョコレート菓子、あるいは小魚や貝の形のチョコレートなどが詰められていて、このあたりはさすがフランス、芸も細かく徹底している。日本でも五月五日のこどもの日に、発想は異なるが、対象物としては似たようなものを用いているのが、なかなか興味深いところである。五月晴れの青空に泳ぐ日本の鯉のぼり。こちらは春の訪れというよりは初夏の訪れを感じさせてくれる風物詩である。

入園、入学、入社――四月初め
デコレーションケーキ、紅白饅頭

日本の新年度は四月から始まる。地域差はあれど、概ね桜満開のこの時期に、ものみなすべて新しいスタートを切る。いかにも日本的な情緒といえるが、満開の桜に迎えられて幼稚園の門をくぐる。あるいは小中高、加えて難関を突破した大学の門をくぐる。さらには就職先の門をくぐり、いっぱしの社会人としてのスタートを切る。これほどめでたいことはない。

人生における、それぞれの大きな区切りである。欧米やその他の国々では、九月から始まるところも少なくなく、それらに合わせての、秋入学に変更を、との声も近頃とみに耳にする。これからのますますの国際化には、そうした変革も必要との意見も分からぬでもないが、さて、どうしたものか。エイヤッと変えてしまえば、案外すんなりいってしまうのかもしれないが、ハレや華やぎという、日本人の桜に対することさら深い思い入れや、すべからく春を始まりとしてきた風習を鑑みると、長年馴染んできたこのしきたりの変更には、相当な議論と覚悟が必要と思われる。

ところで時期の移動云々はさておき、入園、入学、入社等のハレの節目は、それ相応に祝いたい。かつては、いや、今でもであろうが、こうした時には先ずはお赤飯、そして紅白饅頭を用意し、親戚縁者やお隣近所にお配りし、喜びを分かち合ったもの。周囲にそこまで気配りすることもなくなった昨今とはいえ、少なくともその日の食卓には、せめてお菓子がドーンとあってほしい。〝○○ちゃん、入園おめでとう〟〝祝・新社会人・○○（君、さん）おめでとう！〟等々の文字入りのデコレーションケーキひとつが、家族の絆を深めること請け合い。そうしたところにこそ、スイーツの持つレゾン・デートル（raison d'être：存在意義）がある。

花祭り――四月八日

甘茶、飴、ビスケット等

四月八日はお釈迦様の誕生日で灌仏会《かんぶつえ》といい、一般的には花祭りと呼ばれている。また降誕会《ごうたんえ》、仏生会《ぶっしょうえ》、浴仏会《よくぶつえ》、花会式《はなえしき》ともいう。ただ、イエス・キリスト生誕のクリスマスはあのように大騒ぎをして祝うのに対し、こちらは甚だ静かにその日を迎えている。日本人は総じて仏教徒が大多数を占めているゆえ、もう少し盛り上がってもいいのではとも思うが……。

さて、釈迦（ゴータマ・シッダッタ）が旧暦四月八日に誕生したという伝承に基づき、古くより当日はさまざまな草花で飾った花御堂《はなみどう》の中、甘茶を満たした灌仏桶の中に安置した誕生仏像に柄杓で甘茶を掛けて祝ってきた。お釈迦様の生誕時に産湯を使わせるために九つの竜が天から清浄な水を注いだとの伝説に由来してのことである。かつて寺々では、この日に近所の子供たちを集めて花祭りを行っていたが、近頃はそうした光景を目にする機会もだいぶ少なくなってしまった。ただ、寺院によっては、経営する幼稚園や保育園等で、当日園児に甘茶や子供たちが喜びそうな飴などのお菓子を振る舞い、稚児行列を行っている。なおこの行事については、「承和七（八四〇）年四月八日に清涼殿にしてはじめて御灌仏の事を行はしめ」との記録が残っており、その紀元は平安の世まで遡るという。ちなみに「はな祭り」の呼称は明治時代に浄土宗が採用したと推定されている。

五月・皐月《さつき》

初夏の味覚

焼き鮎

日本人の大好きな魚のひとつに鮎がある。アユ科の淡水魚で、天然ものは香りも高く風味も特に優れているとして香魚とも書かれ、また春に生まれ、夏に成長し、秋に衰え、冬に命をまっとうするところから、年魚《ねんぎょ》とも称される。記紀や延喜式といった書にもしばしば登場するところからみるに、いかに日本人に好まれてきたかが分かる。

よってこれを用いた料理も数多く作られ、和菓子の世界もこれをモチーフにした焼き鮎と称するものが作られ、これが店頭に並ぶと、〝ああ、夏がきたなぁ〟という実感に包まれる。ところで、どら焼き状の生地で作られた鮎形のお菓子の中身だが、多くは求肥が用いられる。

求肥とは？　そもそもは牛の脾臓に似ているとして牛脂とか牛脾と字が当てられていたというが、肉食から離れていった古人《いにしえびと》は、この表記を避けて求肥の文字を当てて書き改めたとか。

さて、この求肥、京においては寛永時代に親しまれていたが、江戸には未だなかった。しばらく後、西国から移り住んだ中島浄雲なる人の子孫が神田鍛冶町で「丸屋播磨」なる店を開き、これを売り出したところたちまち人気を得て、丸屋求肥として江戸名物のひとつになったという。今日ではこの求肥、いろいろな場面で副材料のひとつとして便利に使われている。たとえばここに紹介する如く焼き鮎の中にもぐり込んだり……。

錦玉《きんぎょく》

錦玉とは、粉寒天を水で溶き、甘く味付けして冷やし固めたもの。いわば和風ゼリーである。洋菓子の世界はゼラチンを用いてゼリーを作るが、こちらは和菓子の世界が編み出した手法で透明感を出し、清涼感をもって暑くなってきた陽気に対処して涼し気な雰囲気を演出する。ちなみに固めたこれを水に見立てて、餡で作った魚や金魚、水草などを沈め込み、夏のせせらぎや金魚鉢風に仕立てる。これこそが和の世界。

たとえばこれを洋菓子の手法をもって、ゼラチンゼリーで作ったとする。ゼラチンは低い温度なら固まっているが、温度の上昇とともに溶け出してしまう。一方寒天で固めたものは、夏の常温においても形状はそのまま保たれる。こうした特徴は近年ヨーロッパにおいても注目され、こうした海草系の艶出しなり凝固剤が、各種のお菓子作りに使われるようになってきた。

マイケーファ（Maikäfer：黄金虫のチョコレート）——五月

黄金虫形のチョコレート

「五月の黄金虫」という、ドイツにおける初夏のお祭り。マイが英語でいうメイで五月、ケーファは黄金虫を指す。ドイツの冬は長く厳しい寒さが続くため、その分、春や初夏を待ち望む気持ちが強くなる。暗いトンネルを抜けて陽気もみるみるよくなってくると、それまで木の中や土の中に潜って隠れていた虫たちも、もぞもぞと動き出してくる。日本でいう啓蟄だが、いろいろいる中でも特に黄金虫は幸運をもたらすものとして人々に喜ばれている。

我が国においても〝コガネムシーはぁ金持ちだぁ、金蔵建ぁてた、蔵建てたぁ〟などと童謡として歌い継がれてきたが、そのあたりの感覚とよく似たものがあるところが面白い。あまたある中で、なぜかあの虫だけは、どこの国でもハッピーに見られているようだ。

人々のそんな思いを形として表すべく、各お菓子屋さんもそれをかたどったチョコレート菓子を作り、店頭に飾る。近頃はもっと小さな、赤や白の斑点といおうか、水玉模様をしたテントウムシも作られ、アントルメやプティガトー（小型ケーキ）の上に載せられている。人々はそれらを求め、自ら口にしたり、あるいは親しい人と贈り合ったりしつつ、春から初夏に至る、一年のうちでも最も快適な時の到来を楽しんでいる。ちなみに黄金虫の中身は、ガナッシュと呼ばれるチョコレートクリームやプラリネと呼ばれるアーモンドのペーストなどが詰められている。

すずらん祭り（Fête de muguet：フェート・ド・ミュゲ）——五月一日
すずらんの鉢植え菓子、すずらんのデザインのアントルメ

五月一日は、日本ではメーデー、労働者の祭典である。ただ昨今は世の中も様変わりし、そのインパクトも昔日とは異なるものとなっているが……。

一方フランスでは同じ日、フェート・ド・ミュゲ（Fête de muguet）という、ちょっとすてきな催しが行われる。日本語に訳せば「すずらん祭り」。ヨーロッパの一年で一番さわやかなこの月を飾るにふさわしい催事である。街の角々やメトロの出入り口、カフェの前などで

は、子供やおばあちゃんたちが、野山で摘んできたであろういかにも可憐なすずらんの小さな束を持って、行き交う人々やカフェでお茶する人たちに向かい、〝ミュゲはいかが？〟と呼びかける。この小さなブーケを若者は恋人に、子は親に、あるいは友人や親しい人に、それぞれ親愛の情を込めて贈り合う。

この微笑ましい習慣は、ただただ慌しい日々を過ごす我々に、ともすると忘れがちな季節の移ろいに対する繊細な感覚と心のゆとりを思い起こさせてくれる。いかにもロマンに溢れた詩的な、心憎いばかりの優雅な風習は、たまさかそこに居合わせた異邦人でさえ、思わず魅了されてしまう。

なお、当日はお菓子屋さんもまた、すずらんにちなんだデザインのアントルメや、すずらんをかたどったプティガトー（小型のケーキ）、アメ細工のそれをあしらったヌガーやチョコレートの鉢植え型のケーキ、ポタ・ミュゲ（pot à muguet）などを手がけ、ショーウィンドーを飾る。

謂れは以下の如くである。麝香《じゃこう》を思わす香り高いすずらんは、フランスでは「森のミュゲ」「五月のミュゲ」と呼ばれている。旧約聖書の雅歌《がか》の〝私はシャロンのバラ、谷の百合です〟という詩の〝谷の百合〟がヨーロッパの北国ではすずらんであると考えられていたことによるためだと思われる。ドイツでは「五月の花」「五月の小さな鐘」と呼ばれ、鈴のような花が段々に咲くので、「天国への階段」などというロマンチックな名前もつけられている。

またすずらんは、春が戻ってきたことを表す花としても意味を持ち、この花束を贈ると、受け取った人に幸運が訪れるともいわれている。結婚式に花嫁がブーケとしてこの花を手に持つのも、こうしたところに由来している。ちなみに花言葉では、「幸運が戻ってくる」という意味や「意識しない優しさ」「純粋」「デリカシー」となっている。それにつけても五月のヨーロッパは最高にすばらしい。

こどもの日――五月五日

柏餅、粽《ちまき》、デコレーションケーキ

五月五日は端午の節句で、こどもの日とされている。これは一月七日の人日《じんじつ》、三月三日の桃の節句、七月七日の七夕、九月九日の重陽と称する菊の節句と並ぶ五節句のひとつである。一月を除いてはすべて同じ数字が並んでいる。一月一日は元日ゆえにはずしたのだろうか。それにしてもどうせなら一一月一一日も何かあったらいいのにとも思うが、どうしても数を揃えなければならないというものでもないようだ。ところで端午の節句とは？

端は最初という意味で、午は五の通じる語。一種の語呂合わせのようなものといえよう。すなわち五月の初めの五の日、これが端午というわけである。なお、当日は菖蒲湯《しょうぶ》につかったり、菖蒲や蓬《よもぎ》を軒に吊るしたりするが、これは邪気を払うための古くよりの習わしだとか。

またこの日は、第二次大戦以降こどもの日とされ、国民の祝日と定められている。が、子供とはいうものの、その実、男児の節句。女児はお呼びではないのか。いや、女の子には三月三日の桃の節句があるじゃないかといわれそうだが、ではなぜこちらは休日にならないのか。思うほどに分からなくなるが、男社会の名残りがいささかなりとあるのかもしれない。このあたり、いつか調整の必要がありそうだ。

ともあれ男児の節句ということで、各家庭では武具を飾り、また大空に泳ぐ鯉のぼりを立て、あるいはそのロケーションがなければ、邪魔にならない程度のかわいらしいものをベランダに出すなりし、柏餅や粽《ちまき》を食べて祝っている。この二つのお菓子、ともにこの節句を祝うものだが、どちらかというと関東が柏餅で、関西が粽の傾向が強いように見受けられる。桜餅でも同じような傾向が見られるが、やはり関東と上方は異なる文化圏なのか。日本列島は狭いようだがけっこう広い。

柏餅

　では柏餅から見てみよう。そもそもはこの節句のためのお供えものとして生まれ、その習慣が根付いたのは江戸時代の中期頃からといわれている。なお柏を用いることについては、この葉は新芽が育つまで古い葉を残してがんばるところから、それにあやかる形で、男児の成長と子孫の繁栄を願う気持ちがそこに重ねられ、お供えのお菓子に使うようになったとされている。

　それにしても、あのべたつく餅を柏の葉で包むアイデアには、ほとほと感心させられる。触感はゴワゴワしているが、手につくこともなく中のお菓子を口にすることができる。今流にいうならワンハンド・フードである。木の葉を利用して包む形は、先に挙げた椿餅や桜餅などにも見られるが、これらも同じく手づかみを可能にした手法である。

　なお、桜餅を包む桜の葉はそのまま食べられるほどに柔らかくて、いかにも女の子らしい優しさを感じさせるが、対する柏の葉は、男の子にふさわしいたくましさを感じさせてくれる。

粽《ちまき》

　続いて粽を見てみよう。〝柱の傷はおととしの〜〟の歌でおなじみのお菓子だが、由来をたどってみると、他の多くのものと同様に中国からの伝来で、遠く平安時代から親しまれていたという。ただ多くがその後、日本的に変化していったのに対し、これにかぎっては、ほぼそのままの形で継承されてきている。今もなお日本、中国とも同じ時季に同じものを食べている、数少ない例といえよう。

さて、楽しかるべきこの粽には、少々怖い次のような話が伝わっている。

紀元前三〇〇年頃の中国に屈原という名の武将がいた。彼は王族であり文学者としても知られていたが、勢力争いに敗れて北方に流されてしまった。そして自分と対抗する国が勢いを増してくることを憂い、長沙の北にある汨羅《べきら》という湖に身を投じた。彼の死を惜しんだ人々が、そのなきがらが魚についばまれないよう、まわりに米を撒いた。次いで米がすぐになくならないよう、毎年五月五日には竹の筒に米を入れて湖に投げ入れ、屈原を偲ぶようになっていった。その後しばらく経った漢の時代に、長沙のある人が屈原の霊に会った。屈原いわく、毎年米を投げ入れてくれるのは有り難いが、みな竜の子に食べられてしまうので、今後は筒の先を栴檀《せんだん》の葉でふさぎ、五色の糸で縛ってほしいと伝えた。これが粽の起こりだという。

今日の粽はたいがいが笹の葉で包み、藺草《いぐさ》で縛って蒸している。それにしてもこのお菓子、湖への投身とか、なきがら云々とか、霊の話など知らずに、子供の背丈を計りながら無邪気に食べていた方が良かったような……。

デコレーションケーキ

一方洋菓子の世界では、この日にあわせて、デコレーションケーキが作られる。その土台のケーキの上には、男の子らしくチョコレートの型抜きで作られた兜や、同じくチョコレート製の鯉などが載せられ、加えて鯉のぼりの飾りや菖蒲の花が飾られて、ショーケースに並べられる。昔の男の子は、新聞紙を折って作った兜をかぶり、チャンバラごっこに興じたものだが、その日常がケーキのデコレーションにも投影されてこの形となったのだろう。いかにも日本的なケーキ飾りといえる。

ところで今はそうした遊びはテレビゲームに置き換わり、そしてチャンバラごっこも実体のないそのゲームの世界に入っていってしまった。それでも兜という、男の子としての象徴はお菓子の世界に残っている。スイーツはこうした文化を継承する貴重な分野のひとつでもあるようだ。

母の日——五月第二日曜日

デコレーションケーキ、プティガトー（小型ケーキ）

五月の第二日曜日は母の日とされている。事の起こりは以下の如くで、「四旬節」（カーニヴァルの項参照）の初めの日から数えて四回目の日曜日、すなわち「四旬節第四主日」と呼ばれる日に両親の霊に謝意を表するために教会に行くという、ギリシャやイギリスの風習が元になっているらしい。そして一九〇八年に、アメリカのウェストバージニア州で教師をしていたアンナ・ジャービスという女性の提案で、母の日の礼拝が行われ、しばらくして時の大統領のウィルソンが、母親を思う心は万人共通のもの、これはすばらしいことと前述の風習と併せた形で、一九一四年に母の日を制定した。

続いてイギリスも追随し、二八年にはフランスが、三二年にはドイツもそれに倣った。日本はもう少し遅く、太平洋戦争後に行うようになった。さて、当日は花屋ほどではないにしても、お菓子屋もなかなかに忙しい。マジパンというアーモンドペーストで作ったカーネーションを載せたり、チョコレートやクリームで〝お母さん　ありがとう〟などと書かれたデコレーションケーキや小型菓子が店頭を飾り、お子さんやお父さんがそれを求めにこられる。

ところで、一九二八年にフランスも米英に倣ってその制定……と述べたが、実はフランスだけが、他の国と日にちを異にしているのだ。フランスにおいては、同日はフランス救国の戦士ジャンヌ・ダルクの日であった。ダブルブッキングをするわけにもいかずと、同国の母の日、フェート・デ・メール（Fête des Mères）は五月の最終日曜日とされ、またその日が「聖霊降臨祭」（復活祭後の第七日曜日）と重なる時には、さらにずれ込んで、六月の第一日曜日にされることになった。

そして贈る花も日本やアメリカのようなカーネーション一辺倒ではなく、多くの場合、彼らが常に好むバラの花が使われる。何につけアメリカのいうままにならないところがこの国らしい。なお、同国のお菓子屋のウィンドーには、〝ママン（Maman）〟等の文字入りのアントルメが飾られる。母を慕い敬うというこのあたりの感覚は世界共通と見え、日米等とさほどの違いは見られないようだ。

六月・水無月《みなづき》

夏の味覚――六月～八月

紫陽花の練り切り、水羊羹、葛桜、葛切り、ゼリー、バヴァロワ、ムース、アイスクリーム、シャーベット、かき氷等

紫陽花《あじさい》の練り切り

六月をして水無月《みなずき》という。普通考えると、梅雨の真っ最中につき「水有り月」とでもいいたいところだが、なぜかその逆。これも陰暦と陽暦のギャップゆえのこと。つまりあれだけ降ったさしもの梅雨が明けて、水も枯れるというところからとか。また田んぼに水を入れることから、水の月がなまったものとの説もある。

いずれにしてもこの月は、初夏から本格的な夏への変わり目の狭間にあり、青葉は茂り、すべてに豊かさを感じる時節である。そして人の目線の程よい高さには、これまたボリュームたっぷりの紫陽花が、果実につけられるたわわという表現がふさわしいほどに茎をしならせて咲き誇り、見る者の目を楽しませてくれている。この花は品種によっては手毬花《てまりばな》なども称される。また咲き初めは白で、次第に色濃く変わっていくところから、七変化の名でも呼ばれる。色については、酸性土壌だと花は青みがかり、アルカリ性が強いと赤紫色に染まる。

ところでそんな風情を敏感に捉えるのが匠の世界。古くより多くの菓匠の手によって、その紫陽花に見立てたお菓子が作られてきた。ある時はその色や形を模して落雁などの打ち物に、また別の折には餡種を核として、そのまわりに紫や赤紫に色付けをした小さな角切りの寒天を付けたり、あるいはふるいの目を通した細かい色変わりの練り切りをまぶしてその様を映したり……。

日本人ならこの時季、何としてもその名のお菓子を口にお運びあれ。

水羊羹

水羊羹、これはもう日本の夏の風物詩といっていいもの。洋菓子の分野におけるゼリーやバヴァロワと同様、和菓子の世界では、葛桜と並んで、これがなければ成立たないほどに、和菓子舗におけるこの時季の重要なファクターとなっている。

　今さらいうまでもなく日本の夏はとんでもなく暑い。しかもただ暑いばかりではない。亜熱帯どころか熱帯雨林がそのまま引っ越してきたのではないかと見まごうばかりの蒸し暑さである。

　このような特殊な環境にあっては、口にするものもそれなりのものが登場してくる。それがかくいう水羊羹である。こればかりは他のシーズンに出されてもピンと来ない、オンリー・サマーの和の世界だ。普通の羊羹も充分美味しいが、これを水分たっぷりに作ってしっかり冷やしたのがこのお菓子。

　ところであれは一九六〇年台半ば頃だったろうか。水羊羹はさらに進化を遂げて缶詰に変身した。以前は絶対送ること能《あた》わざるものも可能にしてしまった。驚くべきは人の英知である。以来今日に至るも、夏のギフトの中心に位置し続けている。中には缶詰のものがホントの水羊羹だと思っている人もいるほどに。

葛桜＆葛切り

　水羊羹とともに、これもまた日本の夏の風物詩のひとつといっていいお菓子である。水羊羹も涼しげだが、こちらも劣らず涼気を誘うべく作られる。そしてこの二つはなぜかいつもペアで頭に刷り込みがなされており、いわば名コンビのサマースイーツといったところだ。

ところで葛桜の葛《くず》とは何なのか。これはマメ科のつる性の多年草で、その根から採れるデンプンが葛粉である。これを水で溶き、砂糖を加えて味付けし、火にかけてドロッとさせたものが、ここに取上げたお菓子の主材となるわけである。それにしても草の根っこからこんなものを作り出した昔の人はたいしたもの。後から教わるのは簡単だが、こうするとこうなるなんて、どうして思いついたのだろう。そしてそれをまた利用して、餡を包み固めてみる。いかにも涼しげに透き通って中が見える。口当たりも冷たくて、ツルリとしたのど越しもたまらない。まさしく蒸し暑い日本の夏のために生まれてきたといってもいいようなスイーツだ。ともあれこの時季、和菓子舗に入ると、つい水羊羹とペアでこれを求めてしまう。

同じく葛を使ったこの時季ならではのものに葛切りもある。これもまた日本の夏の定番中の定番。誰が思いついたのか、黒蜜とのペアがたまらない。洋菓子の世界に見る、素材同士の複雑な絡み合いによるハーモニーもすばらしいが、こうしたシンプルな組み合わせも悪くない。暑さに疲れた口休めに、ぜひともご賞味を。ひと時生き返る思いが……。

ゼリー（jelly）＆バヴァロワ（bavarois）

先に述べたように日本の夏の蒸し暑さは一入《ひとしお》である。汗をかけば体は水分を要求する。ここでもてはやされるのが、和菓子の世界が水羊羹に葛桜なら、洋菓子の分野はゼリーにバヴァロワ。

では、先ずはゼリーから。英語ではジェリー（jelly）、フランス語ではジュレ（gelée）というこれは、ゴールデンウィーク明けぐらいから各洋菓子店に一斉にお目見えする。フルーツやワインを入れ、赤や青に色付けされたそれは、見た目にもさわやかな清涼感を誘う。ヨーロッパでもデザートにないわけではないが、日本のような販売形態は見当たらない。同じ夏でも、日本ほど蒸し暑くないことにもよろうが、そもそもが、日本人ほど体が水分を要求しないところがある。湿度の高い地に住んでいる我々は、常に水分を必要とする体質になっているようだ。

さて、固める材料だが、ほとんどがゼラチンを用いている。昔は鹿の角からとっていたというが、今では動物の骨、軟骨、腱などの中に含まれる物質から作られている。それを使う量については、今日の感覚では、水分全体量の三％ほど、つまり夏の常温で溶け出すぐらいが美味しいとされている。泡立てた生クリームや果汁を使ったバヴァロワにおいても同様で、そちらも三％ぐらいを基準に作られている。ところが二〇〇年ほど前のレシピを見ると、現在の二倍、否、それ以上も使っている。砂糖もまた同様に。

はて、これはどうしたことかと、ちょっと考えてみた。甘味に関しては、当時は砂糖水でさえご馳走だった時代ゆえ、甘ければ甘いほど贅沢が享受できたということで納得。ではゼラチンについては？　当時は冷蔵庫等の設備がなかったから、それぐらい入れないと形が保てなかったのか。いやいや、これはゼラチンの質の問題ではないのか。今日のものほど完成されていなかったがために、これくらい使わないと効き目が表れなかったのではないか。筆者、物書きの習い性ゆえか、ついついいろんな角度からあれやこれやの見方をしてしまう。

そこでまた再々考。当時は今のような頼りない食感のものは好まれず、単にプリンプリンの状態のものが好まれた。ホントはこんなところだったのではないか。味覚食感の基準や常識なんて、時代によってころころ変わるものゆえに。仮に当時の製菓人や美食家たちに、今のものを食べさせてみたら何というか。〝味も素っ気もなく、第一固まっていないではないか。これでも菓子か、たわけ者めが！〟なんて怒られたりして。ゼリーやバヴァロワひとつにも思うことさまざまである。

ムース（Mousse）

ゼリーやバヴァロワと同様に、口当たりの冷たいお菓子にムースというものがある。ムースとは、苔という意味と泡という意味がある。この場合はもちろん泡の意味だが、いずれにしても苔のように柔らかく、泡のように軽いお菓子である。柔らかくする素材としては、多くの気泡を持つメレンゲや、泡立てた生クリームがあり、これを主体にして種々の味付けをしたものがこれ。

お菓子を含めて、食べものすべてが時代とともに変わっていく。従来のこってりとした濃厚なものから、現代はよりあっさりとした口当たりの良い、胃に負担をかけないものへと移行している。

こうした時代の要求にマッチしたものがこのムース系統のお菓子といえよう。今まではその保形性を高めるために、焼くなり蒸すなり煮るなりの加熱凝固の手法がとられてきた。ところが近年に入り、それに冷却凝固の手段が開発され、洋菓子の技術は大きく前進した。特に最近においてはショックフリーザーという瞬間凍結の技術が一般化され多くの菓子店に導入されている。できたてのお菓子に、ものにもよるがマイナス四〇度ほどの冷気を吹き付け、対象物の中心温度を三〇分以内にマイナス八度ほどまでもっていくと、たん白の老化がほとんど起こらないことが証明されている。これによって商品の品質を損なうことなく、ほぼできたてのままで保存することが可能になり、企業としての労働時間の平均化も図られるようになった。

冷やして固めたものゆえ、常温ないし口の中に入れればとろけるように柔らかくなる。これが現代人の求める趣向、味覚、食感にぴったり一致したわけで、ヌーヴェル・パティスリー（nouvelle pâtisserie：新しいお菓子）と呼ばれるほどに、現代の流行の最先端とされるに至った。

なお、同じように冷菓として捉えられているバヴァロワは、ゼラチンの凝固力で保形性を与えているのに対し、ムースの方は、基本的にはゼラチンを使わず、気泡の力で何とか形を保たせているところに違いがある。ただ、テイクアウトの場合には、保形成を与えるために、一％程度のゼラチンを加えることもある。いずれにしても、このムース系統のお菓子は、バヴァロワやゼリーとともに、口当たりのいい、日本の夏向きの洋菓子の代表格のものといえる。

氷菓（アイスクリーム、シャーベット、かき氷）

アイスクリームやシャーベットに代表される氷菓ももちろん夏を代表するお菓子である。ただ、空調の発達で、今では夏のみならず、通年のスイーツとしてすっかり定着してはいるが。

では、先ずアイスクリームから見てみよう。日本では表示による決まりがあり、乳固形分一五％以上で乳脂肪が八％以上のものをアイスクリームという。同じく乳固形分一〇％以上で乳脂肪が三％以上のものはアイスミルク。乳固形分三％以上で乳脂肪〇％のものはラクトアイスとされている。これはここに至るまでの経緯があってのこと。

かつて日本がまだ貧しかった時代、たいして乳製品を使っていないにもかかわらず、アイスクリームと名うっていた。そうしたまやかしは許さないとして作られた決め事なのだ。しかしながら、今はどうだろう。口当たりのさっぱりとしたものの方がもてはやされる時代になっている。そうなると、良かれと思って作られたこの表示が、少々そぐわなくなってきた。多くの人の嗜好にあうようにと、さっぱり感覚に作った商品には、〝アイスクリーム〟の表示を付けることができないということになってしまっているのだ。

なお、気温が二八度ぐらいまではアイスクリーム類が売れるが、それ以上になると、乳脂肪の少ないもの、いわゆるシャーベットの類が売れ始める。で、もっと気温が上がるとかき氷の世界になる。

ところでそのかき氷だが、あれも立派な氷菓の類で、イタリアではグラニテと呼ばれており、まさしく日本のかき氷そのものである。

それにつけても、かき氷を表すあの旗は誰が作ったのだろう。青地に白い波、赤の「氷」の文字。あれを見ただけでかき氷とすぐに分かって無性に食べたくなる。デザインとしては最高のものとはいえまいか。

ジューンブライド（June bride）――六月

ウェディングケーキ、引き菓子

日本においては、三月～五月が春の結婚シーズンで、一〇月、一一月は秋の結婚シーズンということについては、すでに述べさせていただいた。ただそれが少々当てはまらなくなってきた。たとえば花嫁さんのお化粧が崩れる等の理由から敬遠されていた真夏も、式場は空調が効いているから、挙行しようと思えばできないこともない。加えて一月は正月でめでたい月だから、二月はバレンタインで愛の月ゆえ、六月は欧米の習慣を取り入れてジューンブライドだから、九月は豊饒の月、一二月はホワイトクリスマスでムード満点と、早い話が一年中がブライダルシーズンと化してしまった。かつてほどメリハリが無くなってきたのだ。

ところで、ジューンブライドとは如何なるものか？　訳すと〝六月の花嫁〟だが、調べるにローマ時代の神話に登場する、結婚をつかさどる女性の守護神・ジュノ（Juno）の名を戴いたこの月、ジューン（June）に結ばれた花嫁は皆ハッピーになるという言い伝えからきたものといわれている。こうした神話が生まれるほどに、時季的にもヨーロッパの初夏は、確かに結婚式にはおあつらえ向きにさわやかだ。が、それだけではない。実はこの頃に結ばれると、計算通りにいけば、翌年の春、四月頃に赤ちゃん誕生となる。それでなくても寒い冬のヨーロッパ、育児には殊の外気を遣う。しかしながらこの頃になれば、後は温かくなる一方で一安心。再び寒くなる頃には既に抵抗力もついている、というわけである。

ところでそうした結婚式におけるお菓子の分野の貢献だが、これは何といってもウェディングケーキ。近年は仲人なしなんていう式も増えてきたが、仲人がなくても、こればかりはないと様にならない。ケーキへの入刀はやはりセレモニーのハイライトである。ではここで、そのウェディングケーキの何たるかについて、少々考察を深めてみよう。そもそもあのお菓子はなぜあんなに背が高いのか。バベルの塔のお話しかり、古来より人々の心には限りない高みへの情念があったようだ。

その昔、古代シュメール人たちは、北方よりメソポタミア地方に進出してきた。彼らは高い丘に神を祀る習わしがあったが、やって来たところは広々とした平地である。そこで考えた末、人工的な塔を建てた。当時はまだ階段というものを知らなかったため、らせん状に昇る工夫がなされた。天へのあくなき接近は神への道でもあった。この情念が尖塔状のウェディングケーキに引き継がれ、象徴されているといわれている。そしてそこには、はっきりと建築の美学が取り入れられている。

後年、偉大なる料理人にして天才製菓人と謳われたフランスのアントナン・カレーム（一七八四年～一八三三年）はこんなことをいっている。

「芸術には五部門ある。すなわち絵画、彫刻、詩、音楽、建築である。その建築の主要な一部門に菓子がある」と。

そして彼はそれを実践するかの如くに、お菓子をもって城や教会など、さまざまな作品を手がけている。いわゆる今日でいう工芸菓子である。こうしたものもまさしく今様のウェディングケーキの礎をなしているものといえよう。このようなルーツを引いた今、各地では実に多くの形のウェディングケーキを目にすることができる。

ついでながら、今少しその詳細を追ってみよう。

ウェディングケーキの始まりを調べてみると、大層奥行きの深いものであることが分かる。すなわち、それはイスラエル建国の祖といわれるモーゼが、カナーン（ヨルダン河と地中海に挟まれた地域、すなわちパレスチナ）と同じように、〝乳と蜜が流れる地〟と称したエジプトのナイルの三角州から採れる蜂蜜に起因するという。この蜂蜜がキリスト教の伝導とともにヨーロッパに広まり、これで作ったハニーケーキは各地で親しまれていった。

そのうちにこれとぶどうが相まみえ、プラムなどとともにブランデーに漬けられて、プラムケーキが作られていく。そしてこれを土台として、周りが飾られてウェディングケーキになっていくわけだが、その時はクリーム等でバラや唐草の紋様が施される。バラは花言葉〝愛〟の如く、人を祝福する意味を持つが、特に純白の花は、聖母マリアのシンボルとして親しまれている。絞って飾られるクリームの唐草模様はギリシャで生まれたといわれ、遠くシルクロードを経て日本にまで伝わってきた。こののびのびと交互に広がる巻き枝は、未来への発展、人類の繁栄を表しているといわれている。

また話を蜂蜜に戻すと、蜂の巣からは蜜蠟が採れる。これで作ったキャンドルは、他とは比べ物にならないほどに明るい一級品で、広くにわたって珍重されてきた。こうした灯りの神秘的な輝きとはかなさは、人々に礼拝の心をもたらしめ、ミサを始め、後には結婚式や祝い事に際しても、欠かせないものとして発展していく。日本でも結婚式は「華燭の典」といい表わされている。

ウェディングケーキいろいろ

フランスでは

フランスの結婚式では、日本でよく見られる段重ね式のものもないではないが、多くの場合クロカンブッシュ（croquembouche）と呼ばれる、この国独特のお菓子で祝われる。これはヌガーと称するアーモンド入りキャラメルで土台を作り、その上に一口サイズのシュークリームを円錐状に高く積み上げたもの。

これも限りなき天への接近という、古代よりの情念に基づいたものといえよう。さすがに芸術の国と言われるだけあって、なかなかに華麗にして完成された造形で、見る人を魅了する美しさを持っている。なおその高さについては、出席者一名につき三個前後の割合でシューが積まれていく。したがってたとえば五〇名の宴なら一五〇個ほどを、それ以上なら、それに応じて積んでいく。そして式後のパーティーや会食後にそのシューを取り外して皆で食し、喜びを分かち合う。

ところでこのクロカンブッシュは、結婚式の他にもさまざまなセレモニーに用いられ、レセプション会場を盛り上げる大切な役割を果たしている。たとえばウェディングの時には、その最上部には新郎新婦の人形を載せるが、バッテーム（Baptême：洗礼式）やフィアンサイユ（Fiançailles：婚約式、日本で言う結納）、あるいはコミュニオン（communion：聖体拝領）の時などには、それ用の人形を載せて飾る。また各種のスポーツ大会や企業の祭典などには、それに見合ったもので飾られる。かようにクロカンブッシュとは、同国の折々のパーティーにあって、欠くべからざる飾り菓子でもあるのだ。

【注】

バッテーム（洗礼式）は、キリスト教の信者となるための儀式。生まれた赤ちゃんの頭上に水をかけるなどして、原罪を洗い流して清め、新たな生命によみがえらせることを象徴するもの。なおこの時に受ける名を洗礼名という。

コミュニオンとは「聖体拝領」と訳されるキリスト教の儀式のひとつで、子供が分別の歳（一般には七歳と解される）に達した時、復活祭の頃に執り行われるもの。感覚的には日本の七五三に近い。聖体とはキリストの制定したサクラメント（秘蹟）のひとつである。新約聖書によれば、キリストは自分の死の前夜、エルサレムで弟子十二人と最後の晩餐をともにした。その時ぶどう酒とパンをとって、自らの血と肉であることを弟子たちに示し、これを記念して祭礼を行うよう彼らに命じた。幼児期を過ぎた子供が、その聖体を授かる儀式がコミュニオンである。

イギリス式

海を挟んだイギリスでは、ウェディングケーキとしてはクロカンブッシュ的なものはほとんど見られず、大中小の丸いケーキを重ねて飾った三段式のものが基調となっている。もちろん時として段数も多く、背丈の高いものも作られるが、基本はあくまでも三段ということになっている。それにしてもなぜ三段なのか。まあ形としても大中小で収まりが良かったこともあろうが、一応次のような慣例に基づいて作られているという。つまり一番下の段の大きなケーキはそのパーティーに出席された方々に切り分けられるためのもの。中段は当日出席できなかった人たちに後ほど差し上げるために。そして最上段の小さなケーキは、一年後のその日に二人だけで祝いつつ食べるためのもの。だが待てよ、ケーキってそんなに長く日持ちがするものなのか？　するんです、これに限っては。

実はあのお菓子は、ブランデーにしっかり漬け込んだ果実をたっぷり使ったフルーツケーキである。そしてそれを少々温度を抑え気味にし、じっくり時間をかけて焼き上げる。次いでその上からシュガーペーストと呼ばれる砂糖の練り物をかぶせて、いわば密封状態にする。そしてこれを冷暗所に保管する。こうすれば一年ぐらいはちゃんと持つのだ。何となればお酒はご存知の如く殺菌効果があり、しかもその生地を時間をかけてしっかり加熱焼成する。加えてこれまた強力な殺菌性を持つ砂糖のペーストで完璧なまでにカヴァーが成されれば大丈夫。かくしてイギリスのウェディングケーキの基調は三段式、昔も今もこれからも。

では日本では？

昨今は先のクロカンブッシュも含めて、いろいろなスタイルが見られるが、それでもおおむねは三段といわず何段にも重ねた豪華なものが主流となっている。ところであの三段重ねのスタイルが初めて使われたのはいつからか？　巷間いわれているところでは、一九六〇年一二月二日の石原裕次郎さんと北原三枝さんの結婚式だったとか。筆者もそのように聞き及んでいて、いつぞやＮＨＫの「クイズ・日本人の質問」で、知った風な顔をして、そのようにしゃべってしまった。

ところがその後、親しくさせていただいているスイーツ界の大御所の森山サチ子先生から
「私が結婚したのは一九五五年の二月二五日でしたけど、その時は確か三段のケーキで祝いましたよ。自分で作ったので覚えてますが……」

後日お写真を拝見したが、しっかり三段ケーキが写っていた。赤面の至りである。その後はあちこちで事あるごとに訂正してまわっている。

それにしても風聞をそのまま信じることの恐ろしさを知るとともに、裕次郎さんたちに先立つこと五年も前に、すでにして本格的なスタイルで披露宴をなされていたことに改めて表敬の念を禁じ得ない。さすがに日本を代表するスイーツ界の大先輩である。さりながら裕次郎というスーパースターの影響もあってか、これを契機として、その後はどんどんエスカレートし、有名スポーツ選手や大物スター同士の結婚式ともなると、梯子を掛けて作るようなものまで現れ、マスコミの話題をさらうようになっていった。

そのくらいのものになると、表面は練った砂糖を使うが、中身まで全部お菓子というわけにもいかない。すべてがそれでは倒れてしまう。よってやむなく食材以外のものも使われるようになったが、それにつけてもケーキ入刀は、〝新郎新婦にとって初めての共同作業です〟などという、司会者のいかにももっともらしい言葉とともに、ピアノの音もにわかに高鳴っ

て盛り上がる、セレモニー最大の見せ場となって今日に及んでいる。

ただ昨今は状況も少々変わり、大掛かりなものも相変わらず作られる一方で、小さくてもいい、全部食べられるもので、といった注文も増えてきた。また二人の馴れ初めはウィンドサーフィンだったから、それを模した飾りを上に載せられないか、スキーで知り合ったので、そのイメージのケーキを、などのオーダーも……。ウェディングケーキも多様化の時代に入ってきたようだ。


【注】

結婚式の披露宴に付き物の、引き出物や引き菓子については、三月の「春の結婚シーズン」の項参照。

アペリティフ (apéritif) の日——六月第一木曜日

おつまみ的な料理やお菓子及び各種ドリンク
アペリティフとは「ドアを開く」「五感を開く」「食欲を刺激する」という意味のラテン語のアペリーレ (aperire) を語源とした語で、食事の前に口を湿らせ、食欲を起こさせるために飲む〝食前酒〟を指す言葉として知られている。そしてそのお酒は、各種のリキュールやブランデー、ワイン、シャンパン等とされている。もちろんその通りだが、実は単にそれだけではなく、もう少し広い範囲をカヴァーした語でもあるのだ。フランス人は、好みのお酒とともに、ちょっとした料理やスイーツを楽しむティーパーティーのことも「アペリティフ」、あるいはもう少し砕けて「アペロ（apéro）」と表現している。しっくりと当てはまる適切な日本語は見当たらないが、あえていうなら「茶話会」のもう少し幅を持たせたものとでもいおうか。

フランスではディナーの前に「アペリティフしない？」「「アペロしよう！」と友人同士や仕事仲間で誘い合い、好みのドリンクや手でちょっとつまめるアミューズを口にしつつ、楽しいおしゃべりで何時間も過ごす習慣がある。美食を堪能しつつ、人との繋がりを重んじ、ゆったりとした人生を楽しむこうしたアペリティフの習慣は、いわばフランス人のライフスタイルそのものといえる。

会話とともにお酒を楽しむこうした彼らの習慣を遡ってみると、そのひとつにかつての宮廷文化の時代に上流階級の人々の間で流行した「サロン」文化に行き当たる。サロンとは気の置けない仲間たちが集まり、歌や芝居、絵画や彫刻といった芸術や文学、時には政治などをテーマに、自由に談話を楽しんだ社交場のことをいう。アートに食文化にと、フランス文化が大きく花開いた華やかなりし頃、かようなるサロンにおいても、さぞ美味なお酒やおつまみが楽しまれたことであろう。こうした貴族社会の文化は、一七八九年のフランス革命後、激動の時代を経て、生活にゆとりが出てきた頃に、中産階級の人々から徐々に一般市民へと広がっていき、やがてそれが現代のようなカジュアルな「アペリティフ」「アペロ」へと定着していったと思われる。

現在フランスでは、毎年六月の第一木曜日を「アペリティフの日」と定めている。そして日本でも、昨今の人生をエンジョイしようというゆとりを重んじる風潮の広がりとともに、こうした息抜きのひと時を取り入れる傾向が見え始めてきた。二〇〇四年からは毎年、フランス食品振興会であるソペクサ（SOPEXA）が、フランスのそれと合わせて同日を「アペリティフの日」として、東京の六本木ヒルズでイベントを開催している。二〇一四年からは場所を代官山に移して「アペリティフ 365 in 東京」と名を改め、日仏の料理人やシェフ・パティシエが自慢の料理やデセール、ドリンクなどを提供し、フランス美食文化を紹介。そしてニ〇一七年には「Art de vivre à la française in 東京（東京でのフランス風ライフスタイル）」とタイトルを一新し、この習慣の更なる浸透に力を注いでいる。このイベントの開催地は今や世界各国に広がり、日本でも全国に大きな広がりを見せている。

父の日――六月第三日曜日

お酒、お酒入りケーキ、ネクタイ形チョコレート他

親子間のプレゼントのやり取りは、互いに照れくさくてやりにくいもの。でもそこがまた、家族たるもののいいところでもあるのだろうが……。そんなさまざまな想いを含んだ父の日は、六月の第三日曜日に行われる。なおこの日を詠んだものに、どの歳時記にも必ずといっていいほど掲載されている相生垣《あいおいがき》瓜人《かじん》という方の作による〝悲壮なる父のためにもその日あり〟などという、いかにも世のお父さん方の共感を呼びそうな名句もある。

父の日はかくの如く、まさに家族を養い家庭を守る父親の労苦、そしてそれを支える深い愛に対して感謝を捧げる日である。ところでその日だが、元をたどると母の日と同様にアメリカから始まったもので、J・B・ダット婦人の提唱がきっかけとなり、広まっていったといわれている。母の日があるのに父の日がないのも如何なものかと思ってか、日本もアメリカに倣って取り入れられ、ごく自然な形で定着していった。が、世界的にはどうであろう。否、日本においてでもあるが、前月の母の日に比べてその影は薄く、盛り上がりも今ひとつと感じるのは、筆者を含めた父親族のいささかのひがみであろうか。

さて、この日のプレゼントだが、各百貨店が前面に押し出してくるベルトやネクタイに混

ざって、地下一階の名店街のお菓子屋さんも、また街場の洋菓子屋さんも、こぞって父の日用に仕立てたお酒入りのデコレーションケーキやネクタイをかたどったチョコレートなどを並べてはいるが、実のところは今ひとつ……。和菓子舗の方もまたしかり。それらしい一押しの品で仕掛けるまでには至っていないように見受けられる。やはりこの日ばかりは、甘い物よりアルコールの方がうれしい?

七月・文月《ふづき》

お中元——関東は七月一日〜一五日、関西他は下旬頃

和菓子、洋菓子、清涼飲料、ビール、ハム、ソーセージ他

当月の幕開けから始まる一大イベントがお中元なる商戦。昨今少々陰りが見えてきたとはいえ、お中元は流通業界にとっては存在感のある大きなイベントのひとつである。今はヴァレンタインだ、ホワイトデーだ、やれこどもの日に七五三だと、和洋取り混ぜてのいろいろな催事が増えたが、かつては商戦と名付けられるものはお歳暮とこれぐらいのものであった。戦いなる表現はいささか穏やかではないが、流通業やサービス業に身を置く者としては、まさしく戦いといえるかもしれない。

そもそもお中元とは何なのか。我々日本人というのは根底に儒教精神があるゆえか、殊の

外礼節を重んじる国民性を持っている。一年を通していくつかのそうした礼節を重視する節目があり、たとえば古くより一月の一五日を上元、一〇月一五日を下元として祝うしきたりがあった。そしてその中ほどの七月一五日も、中元として捉えていたという。またそれは道教の習俗のひとつで、旧暦七月一五日を指すものであった。そしてこの日は、それまでの半年間、事なきを得て過ごしてきたことを祝う日で、盂蘭盆《うらぼん》の行事としてご先祖様の霊を供養していた。その習わしが元となって発展し、一年の中ほどのところで親しい間柄やお世話になった人々へお遣いものをして、ご挨拶方々謝意を表すようになっていったという。

この行事の期間だが、日本列島も長くそれなりに多様で、地域や風土、それに基づく気質等で幾分かのずれがあるようだ。たとえば東京近辺では、せっかちな気性も相まって、七月一日から始まり一五日までとしており、それを過ぎて到着する分については、暑中お見舞いとか暑中御伺いとした熨斗紙や短冊に切り替えている。そしてこれらについては立秋の前日までということになっている。近年はかつてほどこだわらず、少々ずれても気にしないという方も増えてはきたが、建て前としては、そういうことになっている。

ところが関西や各地方都市では日にちが少しずれて動く。心のどこかにまだ旧暦意識が根強く残っているためか、商戦としては一週間から一〇日ほどの遅れが見られる。よって関東でピークを越さんとする頃から、やっとお中元商戦に熱が入り始める。そしてまた終わりがはっきりしない。東京近郊では、ほぼはっきりと七月一五日で終わって、熨斗紙も変わるのだが、西の方では七月いっぱいぐらいまではお中元で行われ、そのまま何となく暑中お見舞いに移行していく。

ところでこうした行事も、変わらぬように見えて、その実、世相をしっかり映し、デリケートな変化を見せている。

たとえばその始まりだが、前述のように、発送はあくまでも七月に入ってからとなっているが、実際には六月より各百貨店ではお中元態勢を組み、特設のギフトセンターなるものを立ち上げていく。少しでも早く受注だけはしておこうということのようだ。そしてその前倒しが、世情に従いさらに早まっていった。つまりこういうことなのだ。これ以上マーケットの広がりは望めない。むしろ狭まっている。ならば先に取った者勝ちと、各社が競って早期受注に精を出し、早めにオーダーしたお客様にはこんな特典を……とか、あるいは直接的だが何パーセント割引を……などと、至極積極的に顧客獲得作戦に打って出たのだ。これをしてギョウカイ用語では、早期受注割引の略で「ハヤワリ」と称しているが、六月に入るや否やこれが始まる。近頃はさらに拍車がかかり、ついにはそれに超《ちょう》の字が付いたセールとなって、何と五月のゴールデンウィーク前後の受注開始さえ珍しくなくなってきた。たとえ送り先が決まっているとはいえ、冬や春の余韻がまだ残っている最中に、お中元の発注を済ませるというのも、いささか性急過ぎはしないかとも思うのだが、現実にはそれなりの効果も上がっているという。どうせ出すのだから早いうちに済ませてしまおうとか、それで少しでもお得になるなら、それも悪くないとかで。

そして当然の結果といってしまえばそれまでだが、いざ本番となる七月のギフトセンターは、従来の盛り上がりはどこへ行ってしまったのかと思えるほどの人の入り。もちろん通常を越すかなりの賑わいは見せるものの、毎年その時期になると決まって新聞紙上を沸かせた、〝熱気溢れるボーナスサンデー〟等の記事はすっかり目にしなくなった。極論ですが、と前置きをする担当者の、〝いただきものをしたそのお返しの品を、どれにしようかと探しにくるお客様の方がひょっとして多いんじゃないかとも思う〟などという声さえも聞こえてくる。まさかとも思うがあながち否定しきれないところもないではない。ともあれこの前倒しの傾向は一向に収まりを見せず、むしろさらに加速する現況である。

さて、時期や期間の話は置くとして、肝心のその際のギフト商材だが、圧倒的に食料品が強い。タオルや石鹸等もあるにはあるが、それらはあくまでも脇役で、中央にドーンとスペースを占めるのは、やはり食べ物のジャンル。まさに食品部のためのイベントじゃないかと錯覚するほどの重きの置かれようだ。またその中でもビール等飲料部門とともに、和洋取り混ぜてのお菓子類が堂々主役を演じている。食品関係者としては責任重大である。内容については、容器入りのゼリー類や水羊羹、日持ちのする焼き菓子から、はては冷凍輸送も可能になったアイスクリームの類まで。消費者にモテる要因は、手ごろなお値段の割にそこそこボリュームがあるから。いえ、何より美味しいからか……。

七夕――七月七日（首都圏）、八月七日（地方都市）

デコレーションケーキ、星形クッキー、星形チョコレート等

七月の行事で忘れてはならないのが七夕。ご存知の如く七夕とは、天の川を挟んだ織姫星（織女・琴座のベガ）と彦星（牽牛・鷲座のアルタイル）が年に一度の逢瀬を楽しむ日で、そうした中国の乞巧奠《きこうでん》という行事と、日本古来の棚機女《たなばたつめ》と呼ばれる、横板のついた織機を用いてはたを織る女性に対する信仰心が重なってできたものという。遡ると奈良時代から行われており、江戸時代になってより、短冊に歌や文字などを書いて軒下などに飾り、書の道やお裁縫などの上達を願うようになった。現在は短冊にいろいろな願い事を書いて笹の葉につるし、川に流すなどして楽しんでいる。

昭和五〇年頃だったか、私どもと当時あった有楽町西武さんとで、この日をラブスターデーと名付け、さまざまなグッズやお菓子を売り出すことを企画。星形のチョコレートや

クッキー、あるいはそれをイメージしたデコレーションケーキ等を手がけるなどして、それなりの趣向を凝らし、お客様にアプローチをかけた。織姫と彦星になぞらえて、ヴァレンタインデーの盛り上がりよもう一度だったのだが、結果は今ひとつで、残念ながら定着するまでには至らなかった。アイデアは悪くなかったのだが、如何せんお中元商戦の真っ只中で、充分情熱を注ぎ切れなかったのが要因であったか。ただお中元そのものがだいぶ落ち着きを見せてきた今こそが、再び燃え上がらせるチャンスかもしれない。

　ところでこの七夕、地域によっては七月七日と八月七日とで行われている。が、実際には七月は例年、北海道を除く列島のほとんどが梅雨のさ中で、星を見上げるどころではない。それでもめげずにやっている平塚はエライッ！　ちなみに仙台の七夕は八月派で、秋田の竿灯、青森のねぶたや弘前のねぷた、山形の花笠踊りとともに、東北四大祭りのひとつに数えられている。

　ついでながら七夕は、俳句では秋の季語になっている。となると八月派が正統派ということか。こうした昔からの行事は、おおむね旧暦での見立てが多く、これもそうしたことに倣ってのことのようだ。

パリ祭――七月一四日

ブランマンジェ（blanc-manger）

七月一四日。月日をそのままフランス語読みにして、ル・キャトルズ・ジュイエ（le quatorze juillet）と呼ばれている。一七八九年のこの日に、バスティーユの牢獄襲撃に端を発したフランス革命。華麗なる文化を生み出した独裁政権ルイ王朝の終焉と近代フランスの幕開けを記念し、今も受け継がれている現代フランスの記念式典である。この日を境に一気に市民社会が開かれたゆえに、めでたいといえばいえようが、現実には多くの犠牲者を出した、血なまぐさい出来事でもあった。

この日パリは、市民及び来仏した各国からの観光客によって終日大変な賑わいを見せる。セレモニーの内容は年により多少は異なろうが、概ね次のように行われている。凱旋門からコンコルド広場を結ぶシャンゼリゼ大通りでは、オートバイの先導による軍楽隊、騎馬隊、戦車隊を始め近代兵器などによる、いかにもフランスらしい美しき軍隊の規律正しい大行進が繰り広げられる。その頭上には耳をつんざかんばかりの爆音を轟かせて最新鋭ジェット機が編隊を組み、国旗になぞらえた青《ブルー》、白《ブラン》、赤《ルージュ》の噴煙を残してかすめ飛び、沿道は蟻の這い出る隙間もないほどの群集に埋め尽くされる。また、夜は夜で、セーヌ河畔やパリで最も高い所に位置するモンマルトルのサクレクール大聖堂やエッフェル塔をバックにした所などで、一斉に打ち上げられる花火が夜空を飾る。さらには、コンコルド広場に聳え立つオベリスクの方角からその正面の凱旋門に向かって、一直線に闇を貫く三色の光が発せられ、フランスの精神たる自由、平等、博愛を謳いあげる。こうした一連の演出のすばらしさは、見事といわざるを得ない。さすがは芸術の都、文化の府。

なお、特筆すべきは、一九三〇年代から続けられているという消防署でのイベントであろう。街に点在する各所では署内を開放してパーティー会場に模様替えがなされる。署員もこの日ばかりは接客係りを演じ、押しかける人々への、食べ物や飲み物のサービスに汗を流す。そして署への入場料や飲食代の収入が、消防車の維持費や修理代に当てられるとのこと。

さりながらこうした大掛かりな背景にもかかわらず、肝心のお菓子には、特にこの日のためというべきものが見当たらない。多分フランス人もこの日ぐらいは甘い物よりワインを選び、踊り狂い、歌いまくるのだと解釈しておこう。

でも待てよ、ホントにこの日に関連のあるお菓子はないのか。いえいえ、やはり……。特にこの日に食べるというわけではないのだが、関わりの深いデザートがある。〝白い食べ物〟と訳されているブランマンジェ（blanc-manger）である。これのどこがフランス革命と関係があるのか。

このお菓子はその名の通り、真っ白なゼリー状をした、この国を代表する冷製アントルメで、大層手間のかかる方法で作られる。まずアーモンドを細かく挽き、さらに細かくローラーで磨り潰すと、ほんの少量の白い液が絞り出される。これをレ・ダマンド（lait d'amande：アーモンドミルク）と呼ぶが、それを用いて作るのが、正調古式のブランマンジェなのだ。史実をたどると一四世紀の羊皮紙に Blamanser の語が見られることから、今様のデザートの元なるものの存在はかなり昔に遡るようだ。

一八世紀の美食家として知られるグリモ・ド・ラ・レイニエールは、この起源をフランスのランドック地方にあるといった。また、モンペリエという街の、この上なく素朴な料理人たちがすばらしいブランマンジェを作り、パリで作られるもので口に合うものはめったにない、ともいっている。

さらにこれを作るのは大変難しく旧体制時にほんの二、三人の料理人しか巧みに作ることができないといわれていたため、我々は革命以来、その秘訣が失われてしまわないかと心を痛めている、とも述べている。それにしても国がどうなるか分からないという時に、その革命以上に心配したのが、美味なるお菓子の作り方の喪失だったとは。フランス人にとって美食の極みは、何にもまして優先されるようだ。

ヴァカンス——七月、八月

ガトー・ド・ヴォワイヤージュ（gâteaux de voyage：旅行用のお菓子）

七月から八月にかけて、たとえばフランスではこの国特有の国民的行事である長期休暇・ヴァカンスがある。これは同国の生活において最も重要な部分を占めるものであり、パリ中が、国中が約一ヶ月もの間、雇用者も従業員もこぞってこの夏の休暇を楽しむ。

調べてみると、年次休暇が労働者に与えられるようになったのは、一九三六年のマティニョン協定の時からで、当初は年間二週間だったという。その時までは一部の富裕層の特権に過ぎなかった休暇が広く行き渡るようになって、現在ではほとんどの産業で年間最低四週間、通常六週間のヴァカンスが認められている。それだけに多くの人々がこの到来に胸をときめかせ、それぞれの思惑を秘めて計画を練っている。

七月いっぱい休みの店、八月から休みの会社など多少の時期のずれはあるが、一様に一年間の息抜きをする。ちなみにパリっ子たちは大西洋岸あるいは地中海沿岸の南仏へ、スペイン、スイスへと旅立ち、その間パリは地方からのおのぼりさんや、日本人を含む多くの外国からの観光客で埋まってしまう。それでもうまい具合に街の均衡や生活の仕組みはちゃんと保たれている。なぜならある区域に二軒の菓子店あるいは生活必需品のパン屋があるとすれば、一軒は七月に、もう一軒は八月にヴァカンスを取るというようにしているからだ。

晩夏、楽しい季節が終わり、街をにぎわせた観光客の数もめっきり減ると、再びパリジャン、パリジェンヌたちが舞い戻り、街は次第に平静を取り戻していく。見ようによってはそれのみを目標の如く働いていた人たちも、自分たちのヴァカンスが終わると、それぞれの楽しい思い出を残して職場に帰ってくる。休暇中の武勇伝を物語るように褐色に日焼けした肌で、ひとしきりおしゃべりに興じた後、やっと仕事に入ると思いきや、もう来年のヴァカンスの計画を立ててはしゃいでいる。遊ぶために、そして生活を楽しむために働く。彼らは彼らなりの人生哲学に忠実である。

ところでこうした折のお菓子は？　ガトー・ド・ヴォワイヤージュ（gâteaux de voyage）というものが重宝される。訳すと〝旅行用のお菓子〟となるが、いわゆる日持ちのするもので、具体的にはマドレーヌやフィナンシエ、パウンドケーキといった半生菓子の類である。車や列車での移動中や行った先で楽しむためのもので、彼らはこれらを携行して旅そのものをしっかりエンジョイしている。もっとも生菓子では運びにくいし、チョコレート類は溶けてしまうし……。

ところで日本だが、近年はヴァカンスとはっきり謳っているわけではないが、夏季休暇をしっかり取る企業も増えてきたようにも見受けられる。まだまだあちらほどではないにしても、エコノミックアニマルの汚名?を返上して、人生を楽しむ機運がいくらかは生まれてきたようだ。

八月・葉月《はづき》

旧盆の帰省――八月一五日

土産菓子、郷土菓子いろいろ

八月の入りばなが一年で最も暑い。六月下旬の夏至を堺に太陽の動きは確実に冬に向かっているはずなのに、地表が温まる時間差で、体感的には約一ヶ月半遅れぐらいのこの近辺が一番の酷暑となる。

さて、生活習慣上での当月の大きな動きとしては、何といっても帰省であろう。改めて思うに、日本の夏は不思議である。ひとつの行事がおよそ二度ずつ行われている。たとえば先に述べた七夕にあっても、七月七日と八月のそれ。贈答習慣もお中元と暑中お見舞い。そうしたことの最たるものがお盆であろうか。たとえば東京地方では早々と七月にお墓参りを済ませるが、お盆休みと称して休暇をとるのは八月半ばを挟んでのこと。新旧の暦の関係といってしまえばそれまでだが、たとえば正月は、今の時代に旧正月で祝っているのは、爆竹にぎやかな恒例の中華街は別として、他にはあまり耳にしない。たいていが全国一律でちゃんと一月一日にお祝いをしている。

なのになぜ夏だけが違うのか。人の心の中にはどうも杓子定規に割り切れない何かがあるようだ。思えば盆踊りも灯籠流しも、どうあっても旧盆でなければ感じが出ない。よって旧暦感覚に基づく八月一五日を挟んで休みをとり、その何日か前より故郷を目指して民族の大移動が始まるのだ。人の動くところには必ず物が付いていく。まさか手ぶらでは帰らない。人々の手にはたくさんのお土産が携えられて、満杯の新幹線や飛行機で、あるいは大渋滞覚悟のマイカーで帰還する。帰省ラッシュと呼ばれるこの風景は、今や夏の風物詩として不動のものとなり、お中元やお歳暮のボーナスサンデー（この言葉も少々古くなったが）と同様に、各マスコミで恒例のニュースとして報道される。

ところでその際の手土産だが、大半が実はお菓子によって占められているのだ。差し上げてもいただいても、さして気にならない手ごろなお値段のコミュニケーションのツールがこれ。そう、お菓子のレゾン・デートル（存在意義）はこんなところにもあったのだ。そしてまた帰省の折のみならず、Uターンラッシュと呼ばれる帰途においても、全く同じことが行われる。すなわち、故郷や旅先からのお土産としてのお菓子が、楽しかった思い出とともにその両手一杯に下げられて……。

お菓子は一日の句読点であることもさりながら、一年の折々の句読点であることを、心に刻ませられるのも、こんな時である。

ちなみに八月十五日は終戦記念日でもあり、キリスト教国では、信仰上での四大祝日のひとつたる聖母マリア被昇天の祝日でもある。終戦を記念するお菓子も見当たらないが、マリア様の祝日に合わせたお菓子も特にない。おそらくはヴァカンスの最中ということもあり、心の中ではしかと意識しつつも、正直いって休暇を楽しむ方に余念がない、といったところであろうか。

九月・長月《ながつき》

秋の味覚――九月～一一月

栗饅頭、栗蒸し羊羹、紅葉の練り切り、利休饅頭、マロングラッセ、モンブラン等

暦の上では八月八日頃の立秋から十一月七日頃の立冬の前日までを秋としている。なお、陰暦では七月、八月、九月をそれとしているが、一般的な概念及び体感的には九月、一〇月、一一月あたりが、秋と呼ぶにふさわしい時季かと思われる。また三秋という言葉もあるが、これは初秋、仲（中）秋、晩秋のすべてを含めての総称。九秋については、秋の季節の九〇日間を指す言葉である。

実りの秋などといわれるほどに、この時季は野に山に、穀物や野菜、果実等が豊かに実り、各地でもその収穫を祝う祭りが行われるなど、人々は自然の恩恵に感謝の気持ちを表す。ま

たその一方では、木々が紅葉して葉を落とすなど、生きとし生けるものがやがて訪れる季節に向けて冬支度に入る。

甘き世界もそうした季節の移り変わりを敏感に、かつ如実に捉え、製品にその姿を映していく。たとえば素材においては、芋や栗、かぼちゃ等自然の恵みを存分に取り入れ、姿形については、練り切りの造形美をもって、色鮮やかな紅葉を作り出したり、その練り切りに細かくはさみを入れて、見事な菊を表現したりもする。また気温の低下とともに人々は本能的に温かみのあるものへと心が惹かれていく。

そうした動きに合わせる如く、金つばやどら焼きといったいかにも温かそうな焼き物、あるいはホカホカ感の漂うような饅頭類がその存在感を増してくる。食欲の秋といわれるほどに、食べ物すべてが美味しく感じられる時季だが、お菓子もまたその一員でもあるのだ。

栗饅頭

豊饒の秋、実りの秋といわれる如く、野や山にはさまざまなものが豊かな恵みを実らせる。数あるそうした中でも、栗などは私たちには最も親しみのある恵みではないだろうか。ちなみに洋菓子の世界では、これを用いてのモンブラン（mont-blanc）やムース・オ・マロン（mousse au marron）といった生菓子の類や、マロングラッセ（marron glacée）等が楽しまれる。

一方、和菓子の世界でもすばらしい逸品がある。ここに取上げた栗饅頭などがそれに当たろうか。新栗が出始めると和菓子舗では早速このお菓子作りに取り掛かり、店頭に並べて、お客様の食欲を誘う。お店や作り手によっては、形も栗の実そっくりに作ったり、あるいはまゆ豆のような細長の小判形にしつらえたりもしている。そして表面には、いかにもこんがり焼けたように、その美味しさをより強く伝えるべく、卵黄が塗られる。しかも一度ならず二度三度と重ねられる。重ねるごとに色が濃くなり、それが上等とされるが、その実、味には全く影響がない。ただ、それはこれほどに手を掛けているということの、作り手からのメッセージなのだ。ということはやはり表面が黒いほどに美味しいということに?

栗蒸し羊羹

名前の響きからすでに温かそうなお菓子である。たとえ供されたものが冷たかろうと、蒸すという語が付いているだけで、ホカホカ感が伝わってこよう。そんなところからこうした類のお菓子は、秋から冬にかけて作られる和のスイーツの定番のひとつとして広く親しまれてきた。そしてなぜかこれには、ふつう芋と並んで栗があしらわれる。温かいものに気持ちが惹かれるこの時季が、ちょうど芋や栗のできる時と一致していることもあるのだろうが、それより何よりこれらの素材と蒸し羊羹とのコンビネーションが絶妙にマッチしていることにもよろう。

ただ、このふたつを比べると使い方が少し異なる。たとえば芋の方は概ねすべてを練り込んで作るが、栗のほうは蒸し羊羹のベースの上にボコボコと載せて、秋の味覚を謳い上げる。ところで土台となる羊羹だが、そもそもは蒸し菓子だったのだ。その後寒天との出会いにより、蒸すことをせずとも固まるようになり、羊羹は蒸し菓子から練り菓子へと変わっていった。今日栗蒸し羊羹等はあえて蒸すという語を付けて他と区別しているが、顧みるなら本来はこちらが本家なのである。他の羊羹ども、頭が高いっ!?

紅葉の練り切り

秋の風物詩を挙げよといわれれば枚挙にいとまがないが、木々の紅葉も外すわけにはいきますまい。特にその風情は日本人の心にことさら訴えるものがあるようで、この時季になると人々は紅葉狩りと称して、それを観に大挙してそうした景勝地を訪れる。またその光景は昔日より「まるで錦のようだ」と、最大限の賛辞をもって形容されてきた。おそらくはほどなく散りゆく惜別の意を込めてのものでもあるのだろう。

そんな感動と想いを少しでも心に留め置かんと菓子職人は練り切りの技法をもってお菓子の姿に写し取った。そのひとつがここに取上げた紅葉である。色もただのオレンジだけでなく、まだすべてが紅葉しきっていない部分もあるとして、ほんの少し黄色を重ねてみる。こんなところにいかにも繊細な匠の技が垣間見られる。そして形も打ち抜き型を使ったり、あるいは三角棒一本で葉の形に整えたり。ところで練り切りという語だが、これについては、餡を火取《ひど》って水分を飛ばすべく練って練って練り切る、というところからの命名。こうして餡に粘りを与えることにより、さまざまな細工が微細を穿って施すことができるようになる。

利休饅頭

利休饅頭とは蒸し饅頭の一種で、別に茶饅頭、田舎饅頭、あるいは大島饅頭とも呼ばれている。利休とは周知の如く、茶人の千利休のことで、彼が黒糖を用いて作った饅頭を殊の外好み、茶の道の弟子やそれを親しむ武士たちにこれを紹介し、伝えたことからこの名が付けられたといわれている。茶饅頭については茶会の席での点心ゆえにとも、あるいは黒糖を使うと茶色に仕上がるからともいうが、おそらくは前者の方が無理がないかと思われる。田舎饅頭にあっては詳らかではないが、茶の道が侘《わび》とか寂《さび》をよしとするところから、決して絢爛豪華とはいえない素朴なその姿を田舎風としたのではないかと筆者は勝手に想いをめぐらせているが、見当違いであったらご容赦のほどを。続いて大島饅頭だが、これについては黒糖の主産地が奄美大島であったことからの命名と伝えられている。

さて、いろいろな名で呼ばれる利休饅頭だが、ひととき茶聖・利休の想いを尊び、侘と寂の心をもって、地味ではあるが、奥行きが深い黒糖の赴きを心ゆくまで味わっていただきたい。

マロングラッセ（marron glacé）

昨今はいつでも何でも食べられるゆえ、よろず季節感が薄らいでいるが、それでもいかにもその時を映したというものもちゃんとあり、人々はその登場によって季節の移ろいを肌で感じ取る。たとえばフランスのお菓子屋さんの店先をのぞくと、そこにはフイユ・ドートンヌ（feuilles d'automne：秋の葉）と呼ばれる、葉をかたどって葉脈までつけた薄いチョコレートが飾られたり、栗形にしたマロンペーストをアメで包んだフリュイ・デギゼ・オ・マロン（fruit déguisé au marron）などという、まさしく秋を表すお菓子が店頭に並ぶ。そんな中でも最も目を引くのが、新栗を使って作られるマロングラッセ（marron glacé）だ。その存在感は他を圧して、秋のお菓子の王者の風格さえ漂わせている。

ではそのマロングラッセについて、筆者の手元にある資料を少々検索してみよう。

その名の初見は、天才製菓人と謳われたフランスのアントナン・カレームの手になる『ル・パティシエ・ロワイヤル・パリジアン（パリの王室製菓人）』の第二巻（一八一五年）においてである。もっともそれ以前となると、資料らしきものがないというのが正直なところだが。そしてその後は、またふっつりと表舞台から姿を消している。彼の後を受けて『芸術料理』（一八七二年）などの大著をものしたユルヴァン・デュボワや、『近代製菓概論』（一八八九年）を著したギュスターヴ・ギャルランなどもマロングラッセについては触れていない。次に姿を見せるのは、ピエール・ラカンの『氷菓の覚え書き』（一九一一年）である。それからはどの書にも出てくる。顧みるに美食求道のフランス人にとっては、その昔マロンはあまり豊かでない人々が口にするもので、食品としてはマイナーな存在だったようだ。

それを改めて取上げ、珠玉の宝石の如くに仕立てたのが、誰あろう、天才製菓人カレームであったのだ。しかしながら昔から続くイメージを打ち破るには少しばかり時間を要したようで、馴染まれ出したのは二〇世紀に入ってから。そしてその後は一気呵成に……。

ところでこれを作るのは、ちょっとばかり手が掛かる。いがの中の大きな一粒の殻をむき、糖度二〇度のシロップで煮て、二日ごとに二四度、二八度、三〇度と濃度を高めていく。こうしないと中までシロップが浸み込まない。しかしながら何度も煮直していくゆえ、残念ながら途中で壊れるものも少なくない。残った貴重品を少々温めた後、糖液をくぐらせると余分な水分が蒸発し、内側のひだの一本一本までが透けて見える、薄い糖膜に包まれた完全無欠の逸品ができ上がる。

今でこそ量産システムができたが、当時としてはそれはそれはぜいたくなお菓子であった。マイナーな存在が一躍お菓子の王様になる。お菓子の神様の手に掛かると、こんな奇跡が起こるのだ。栗が美味なるものの一角を占めた、まさに転機となる一品、それがマロングラッセだったというわけである。

モンブラン (mont- blanc)

コンフィズリーと称される糖菓の分野でマロングラッセが秋の定番なら、パティスリーと呼ばれる、いわゆるケーキ類の秋の主役はモンブランで、そのモンブランとは、周知の通りヨーロッパアルプスの名峰のひとつで、〝白い山〟という意味のフランス語名である。あの山はマッターホルンや槍ヶ岳のように、先の尖った先鋭な形ではない。アルプス最高峰ではあるが、フランス側から見ると一見どこが頂上なのか分からないような茫洋としたドーム状をしている。よってこの名を戴いたお菓子も、マロンペーストをスパゲッティ状に絞って山盛りにし、上から雪に見立てた粉砂糖を振りかける。ではこれがいつ頃作られたのか。これについても誰がいつどこでとの正確な記録が見当たらない。よって筆者の手持ちの資料等からの類推によって、当たりをつけていくことにする。

まず、あれを作る副材料たるマロンペーストだが、この初見は前述のギュスターヴ・ギャルラン著の『近代製菓概論』（一八八九年）においてである。マロングラッセはこれ以前に作られていたが、その時点ではまだマロンペーストの記述はない。そしてモンブランなるものが出て来るのは、さらにそのもっと後。これは何を意味するのか。思うにマロングラッセを手掛ける際、けっこうな量の破損品が出る。そのまま捨てるのも忍びないと、さらに崩してペーストにした。さてこれを使って何かできないかと思案の末思いついたのが、それをドーム状に盛り付けたデザート菓子。〝うむ、何となく山のようだ〟とその姿形に気付き、ならばと上から粉砂糖を振りかけ、雪に見立ててみた。〝おー、こりゃあまるでモンブランだ〟としてこのお菓子ができ上がった、のではなかろうか。

つまり初めにマロングラッセありきで、モンブランはその二次使用品として作られたもの。おそらくはこんなところでなかったか。同書にはまだモンブランの名は出て来ないが、もう少し後のピエール・ラカンの書には、はっきりとその名称を謳った今様のモンブランが記されている。なお同じ頃、イタリアでもモンテ・ビアンコなるデザート菓子が作られていたという。これもモンブランと同意の、〝白い山〟のイタリア語である。なお、こちらはマロンペーストを皿上に、まるでスパゲッティのように絞って載せてある。フランス側の景色とは異なり、イタリア側から見るとけっこう険しい姿をしているためか。ともあれこうした周囲の状況から察するに、一九〇〇年代初め頃には、広く愛されるお菓子の仲間入りを果たし始めていたようだ。

ところで、今日では日本のお菓子屋さんでも茶色っぽいマロンペーストを使って、あちら風にモンブランを作っているが、かつては多くのお菓子屋さんが、黄色いペーストをおそば状に絞って作っていた。いえ、今でも時折見かけるが、あれは実は白餡に砂糖と黄色い色素を加え、マロンの香料などを混ぜて練り上げたものなのだ。太平洋戦争後しばらくは物資も豊かではなかった。それでもお菓子屋さんはそれらしいものを作ろうと、一生懸命頭を捻り、手持ちの材料、身の回りにあるもので仕立て上げた。こうしてでき上がったのがあの黄色いモンブランである。あんなのはホンモノじゃないよ、という方がよくおられるが、それはいささか酷な話。

そもそもお菓子ひとつにホンモノ、ニセモノというのも妙な話で、作られた当初はどんなものでも創作菓子であったはず。よってあの黄色いモンブランは、日本人パティシエによって手掛けられた秀逸な創作であるといってよろしいかと。第一、日本で古来より親しまれている餡を使って洋風に仕立ててしまうなんて、なかなかにシャレているではないか。まさに和魂洋才、思いついた職人さんには改めて畏敬の念を禁じ得ない。

私？　もちろんフランスのも好きだが、日本のも負けず劣らず大好きである。それとあの味に接すると、懐かしさも手伝ってか、何ともいえない安らぎを覚える。そう感じるのは決して筆者のみではあらぬはず。あれは長年親しんできた、そして頭と味覚にしっかり刷り込みがなされてきた餡という素材のなせる業なのであろうか。重ねていうが、フランスのも絶品だが、日本のも負けずにウマイ！

秋の収穫感謝祭——日程不同

ぶどうのデザインのアントルメ等

秋は我が国でも各地で農作物の収穫祭が催される。この点はフランスも同様だが、さすがにこの国らしくワインのためのぶどうのそれが盛大に行われる。

通常収穫感謝祭あるいは単に収穫祭と訳されることもあるが、正しくはラ・フェート・ド・ラ・ヴァンダンジュ（La fête de la vendange）という。パリは都会ゆえあまり見られないが。ぶどうの実り月に、たとえばボルドーやブルゴーニュ、コート・デュ・ローヌ、ロワール、アルザス、コート・プロヴァンスといった地方に行くと、各お菓子屋さんのショーウィンドーにはぶどうをあしらったアントルメ類や、それらをかたどったお菓子が歓びを謳い上げるかのように、賑やかしく並べられている。

ワイン抜きには語れぬほどの国ゆえ、このお祭りの深さが偲ばれようというもの。我々のお米に対する気持ちと似たものを感じる。でも、他の作物ではなく、あえてぶどうとしたところが、いかにもこの国らしい。

なお、フランスは国土も広く、ぶどうという単品種にせよ地域によって収穫時期が異なるゆえ、このラ・フェート・ド・ラヴァンダンジュも、各地それぞれその日取りが一様ではない。が、概ね九月から十月に掛けて行われている。この点については、日本の秋祭りと同じような感覚といえよう。

重陽の節句――九月九日

菊最中《もなか》

九月九日は重陽《ちょうよう》と呼ばれる菊の節句である。これは先にも記した如く、一月七日の人日《じんじつ》、三月三日の桃の節句、五月五日の端午の節句、七月七日の七夕、と並ぶ五節句のひとつである。他と比して近頃はあまり祝われなくなったが、遡ると、平安時代に宮中で、今でいう知識人たちが天皇に歌を献じたり、あるいは菊の季節ゆえにそれを愛でたり、酒にその花を浮かせるなどの宴が催されたという。また菊の露を含んだ綿で身体をぬぐい長寿を祝う着綿《きせわた》という習慣がそれに相まって、この催しを菊の節句と呼ぶようになっていった。

そして今日では、その流れを引くべく、花の咲かせ方を競うような菊祭りや、人形をそれで飾った菊人形展などが各地で盛大に行われている。なおこの時季はご存知のように、とりわけ月が美しく、仲秋ともなると名月が人々の視線を夜空に惹きつけて止まない。その満月は古くより最中の月と呼ばれていた。文献を探ってみると平安時代の中期に、通称四条大納言と呼ばれていた藤原公任《きんとう》によって『拾遺抄』が著されたが、その巻三に「水の面に照る月なみを数うればこよひぞ秋の最中なりける」という源順《したごう》の詠んだ歌がある。ここでいう最中の月とは、すなわち十五夜、仲秋の名月のことなのである。そしてこの満月になぞらえたお菓子が、和菓子のひとつとして親しまれている、あの最中だったというわけだ。

もともと最中は白くて丸い、まるで満月を思わせるような餅菓子の一種だったという。それがいつしか、外側だった餅の部分が薄く延ばされていき、煎餅のように焼かれて、いわゆる最中のケース、最中の皮に変身し、中に餡が詰められるようになっていった。ここまで変化をきたしてくると、職人たちの創意工夫はさらにエスカレートし、皮の焼き型にも凝ってくる。その結果、大きさや形にヴァリエーションが生まれ、好みの紋様を彫ったり、また皮自体もただの焼き色ではつまらぬと、白やピンクや緑にしたりと、一気に賑やかになってくる。そんなもののひとつに、季節感を表した菊の紋様を施した菊最中もある。

お月見（仲秋の名月）――陰暦八月（九月八日頃〜一〇月七日頃）

月見団子、月餅《げっぺい》

この時節には仲秋の名月を愛でる習わしが我々にはある。仲秋とは中秋とも書くが、前述した如く、初秋、仲秋、晩秋といういわゆる秋の三秋のひとつで、陰暦八月一五日を指す。今の暦では、白露（九月八日頃）から寒露（一〇月七日頃）までに当たる。天高く……といわれるように大気も澄んで、夜空に浮かぶ満月もひときわ美しく映える。そうしたところを敏感に捉えて、昔から日本人は観月の宴、すなわちお月見をしてきた。そしてその際、お月様にはお団子をお供えしてきた。縁側に用意した三宝にそのお団子を山と積む。深まりゆく闇を背に、満月が皓々として昇ってくる。その明るさが増すとともに、山積みのお団子がまるで影絵の如くになってくる。ここにすすきの穂でも加われば、まさしく絵に描かれたお月見の風景そのもので、日本人の情緒ここに極まれりといったところである。

満月を愛でるという習わしの始まりは、お隣の中国からのもののようで、あちらでも盛んに行われている。よく知られている月餅《げっぺい》は、その折に楽しまれるお菓子で、中に包まれた餡は、地域によって味や堅さも異なるなど、多くのタイプが作られている。

ところでその際のお菓子だが、月餅に見られる如く、本家の中国は月を平面の丸い形として捉えているのに対し、我々日本人は古来よりそれをハナから球体と理解していたのか、その形を表す如くのお団子を供えてきたところに大いなる興味が持たれる。

秋のお彼岸――秋分の日をお中日《ちゅうにち》とした前後三日間の計七日

お萩

〝暑さ寒さも彼岸まで〟といわれるように、暑かった日々も、さすがにこのあたりを境に収まりをみせ、気付けばあたりはすっかり秋めいている。彼岸については「春のお彼岸」の項で述べたゆえ、そちらを参照されたい。

この秋のお彼岸も国民の祝日に数えられ、ご先祖の供養に菩提寺に出向いたり、家族でお墓参りに出かけたりする。さてそんな折、お寺さんで出されるのがお萩。

これについても既述した通りで、春に出されるのがぼた餅、秋がお萩。同じものでも呼び名が変わる。春のはまわりの粒餡がまるで牡丹の花のようだとして、「ぼたんもち」とされたのが縮まってぼたもちに、秋のは萩の花に見立てられてお萩とされるに至った。

このあたりには、洋菓子の出番はまだないようだ。

敬老の日――九月の第三月曜日

デコレーションケーキ等

日本の国民の祝日のひとつ。二〇〇二年（平成一四年）までは、九月一五日であったが、二〇〇三年から第三月曜日に移行した。昭和二三年に定められた国民の祝日に関する法律・祝日法により、「多年にわたり社会に尽くしてきた老人を敬愛し、長寿を願う」ことを趣旨としている。由来を調べるに、一九四七年九月一五日に、兵庫県多可郡野間谷村（現・多可町）において、村主催の「敬老会」を催したのが、敬老の日の始まりという。他には七一七年に元正天皇が養老の滝に行幸した日が九月一五日であったゆえ、当初はそれに基づいて定められたとの説もある。なお、制定した当時は五五歳以上の人を対象としたという。今ではその歳の方々をお年寄り扱いにしたら、お叱りを受けそうだが。

さてこの日を祝うためのお菓子というのは、今のところ特にはない。他の多くの祝い事と同様、一般的には〝おじいちゃん（またはおばあちゃん）、有難う、いつまでもお元気でね〟などと書かれたプレートを載せたデコレーションケーキを囲んで祝われているようだ。

一〇月・神無月《かんなづき》

秋の結婚シーズン——一〇月、一一月

紅白饅頭、紅白すあま、三つ盛り、五つ盛り、バウムクーヘン、各種和洋菓子等の引き菓子、ドラジェ、ウェディングケーキ（六月のジューンブライドの項参照）他

春の結婚シーズンの項で述べたように、日本の気候に合わせてのブライダルシーズンで、春は三月、四月、五月。秋は一〇月、一一月となっている。結婚式に付き物のウェディングケーキについては、六月のジューンブライドの項を参照。引き出物としての引き菓子や宴席の後で配られるドラジェについては、春の結婚シーズンの項を参照のこと。

孫の日——一〇月第三日曜日

キャンディー、クッキー、ケーキ等

母の日や父の日、こどもの日、そして敬老の日まであるのだから、孫の日があってもいいのではないか、ということで誰がいい出したのか、いつのまにかこの日ができた。こんなことを考えるのは商売人に違いないって？　おっしゃるとおり、実は一九九九年（平成一一年）に日本百貨店協会が仕立てたもの。ちなみにその宣伝媒体には筆者もひと役買って名前を連ねさせていただいた。また、日にちは敬老の日の約一ヵ月後あたりがいいのではないかということで、一〇月の第三日曜日に決められた。何だかヴァレンタインデーの一ヶ月後とされたホワイトデーの設定みたいだが、ともかくもそのようになされた。

目的は明々白々。ともすれば冷え込みがちな昨今の消費に対し、何とかその拡大を図らんとしての仕掛けである。敬老の日でいたわられ、気を良くしたおじいちゃまやおばあちゃまが、〝それじゃ今度は私たちが何かをせにゃあ……、おお、そうじゃ、孫にでも……〟なんて思うだろう、そのあたりを汲み取っての企画であろう。まさにグッドアイデア。今の時代、最も懐が豊かなのはシルバーエイジなのかもしれない。また孫は子供より可愛いともいわれているし。

ただ、笛を吹いただけですぐに踊り出すほど消費者は甘くない。そこでまた一考。キャラクターとして、クマのぬいぐるみのテディベアに目を付けた。ちょうど生誕一〇〇年を迎えたそれは、アメリカでは、仲良く暮すなごやかなイメージから、〝家族のきずな〟のシンボルとされていたからである。

ところで肝心のプレゼントの品だが、今のところこれといった決定打はなく、孫の欲しがりそうなものなら何でもOKの体。ならばとお菓子業界も少々色めき立った。お菓子の嫌いなお子さんはいないはずと。孫の日を生んだはいいが、さてこれからどうやって育てていくのか。否、どう勝手に育っていっちゃうのか、見ものといえば見ものである。ゲーム業界やおもちゃ業界、あるいはファッションやさまざまなグッズの世界も黙って指をくわえてはいないはずだし……。

ハロウィーン（Halloween）——一〇月三一日

パンプキンパイ、パンプキンプディング、かぼちゃのムース等

ハロウィーン（Halloween）なる催事が認知されるようになって、だいぶになる。一〇月の声を聞くや、百貨店の名店街やショッピングモールなどでもそのタイトルのもとに、オレン

ジ色のかぼちゃ形の容器に入ったお菓子やパンプキンパイ、パンプキンプディング、かぼちゃのムースといったものが、人々の目を引くべく、プレゼンテーションされてくる。ところが一方では、その広まり方の割には、肝心のハロウィーンの何たるかがあまり理解されていないような現実もあり、そのためのしばしの時の必要性も感じる。よってこの度は、そのあたりを含みつつ、筆を運んでみる。

いずれに限らぬことだが、キリスト教にもそれなりのいろいろな祝祭日がある。たとえばカトリックでは、一二月二五日のクリスマス、三月〜四月のかけての復活祭、八月一五日の聖母マリア被昇天の祝日、そして一一月一日の諸聖人祭を合わせて四大祝日としている。たまたまそうなったのか意図あってのゆえか、春夏秋冬の四季それぞれにうまく散りばめているところが興味深い。なおプロテスタント系では、カトリック系ほど聖母マリア信仰が強くないためと思われるが、八月一五日の代わりに一般的には聖霊降臨祭をもって四大祝日としている。ちなみにこれは復活祭から五〇日目に、キリストの弟子たちに聖霊が降臨したことを記念する祝日で、毎年五月から六月にかけてのいずれかの日曜日に行われる移動祝日のひとつである。

前の三つはさておき、ここで取り上げたいのは最後に挙げた諸聖人祭である。英語でオール・セインツ・デイ（All Saints' Day）、フランス語のトゥーサン（Toussaint）というこれは別に万聖節とも呼ばれるが、ちょうど日本のお盆かお彼岸に相当する、亡くなったすべての人に対する供養の日である。なお、一一月二日をこの日とする向きもあるが、おおかたは一日とし、一日と二日にお墓参りをしている。

ハロウィーンとは、実はこの諸聖人祭の前夜祭なのだ。起源ははるか古代まで遡るもので、そもそもは収穫と幸運を祈願する催事だったといわれている。その昔ケルト人がキリスト教に改宗する前、果樹の女神ポモーナを祀る収穫の祭りを行っており、それがハロウィーンの起源とされている。ケルト人たちにとって一〇月三一日は一年の終わり、つまり大晦日であり、火を焚いて祝宴を開いていた。彼らはこの夜、死者の魂が生前住んでいた家を訪ねると信じており、この恐怖を和らげるべく皆して集まり、盛大に収穫際を催した。そして死者の魂に見つからないように、仮面や被り物をし、変装して街に出かけた。

この収穫と魂を迎える祭りとが重なって少しずつ変化し、後にローマ・カトリックのグレゴリー三世によって、英語ではオール・セインツ・デイと呼ばれる日の前夜祭とされ、今日のハロウィーンとなった。

当日子供たちは、収穫されたかぼちゃをくり抜いて目鼻をつけたジャック・オ・ランターンと呼ばれるものを被り、マントをつけて魔女やお化けの恰好をし、隣近所を訪れる。そしてトリック・オア・トリート（trick or treat）、すなわち〝お菓子をちょうだい、さもないといたずらするよ〟といってお菓子をねだり、集めたお菓子でハロウィーン・パーティーを開く。しかしながら最近はいたずらがエスカレートしてきたため、全米のお菓子協会が音頭をとって、〝みんなで集まってご馳走を食べよう〟というキャンペーンを打っている。

その日が近づくと、家庭でも作るが、各お菓子屋でもくり抜いた中身を材料にパンプキンのパイやプディング等が作られ、店頭に並べられる。またショッピングセンターや百貨店、商店街でも、さまざまな飾りつけがなされ、ハロウィーン一色になる。

なおこの催事は、これまでは何でもハッピーなお祭りに仕立ててしまうアメリカが中心で行われてきていて、ヨーロッパではほとんど見かけなかった。ところが近年はヨーロッパ各地でも一気に流行り始め、今では本家？のアメリカもかくやの楽しいお祭りとして、大ブレークしている。翻って日本、東京の渋谷や原宿、あるいは大阪の繁華街などでは、思い思いに仮装した若者たちが大挙して繰り出し、さながら世界中のお化けの大集会となっている。そしてこれらのスポットは今や世界的なハロウィーンの名所と化しているそうな。肝心のお菓子は、そこそこ売れてはいるが、今のところはお化けに圧倒されている感、なきにしもあらず……。

一一月・霜月《しもつき》

諸聖人祭（All Saints' Day〈英〉, Toussaint〈仏〉）――一一月一日

特にこの日のためのお菓子はない

諸聖人祭の何たるかについては、一〇月のハロウィーンの項を参照（ハロウィーンは諸聖人祭の前夜祭）。

日本のお盆やお彼岸に相当するこの日は、亡くなった人すべての魂が帰ってくるとして、当日は各地でお墓参りが行われる。街の花屋には菊の花が溢れ返り、人々はそれを求めてそれぞれのお墓に手向け、故人の冥福を祈る。パリにある大きな墓地、東京でいえば青山と谷中のような、モンマルトルやモンパルナスあるいはペールラシェーズあたりはその花で埋め尽くされ、そこにお線香の煙でもたなびけば、まるで日本のお彼岸とそっくりである。

洋の東西の変わらぬ風景に、不思議な思いにかられる。なお、この日に限ってのお菓子は見当たらない。

七五三――一一月一五日

千歳飴、デコレーションケーキ

七五三は一一月一五日に行われる子供のお祝いで、七五三祝《しめいわい》とも呼ばれる。

ところでこの数字は何なのか。そもそもは祝儀に用いる数からきたもので、一、三、五、七、九といった奇数をめでたい数とし、その中の中間の三つをとったのが、七五三の語源となっている。それでは三五七でもいいではないか、なぜ敢えて逆にするのかと問われれば答えに窮するが、ともあれ昔からこうなっている。

でもいわれてみれば、順はさておき、確かに祝儀、不祝儀を問わず、のし袋に入れるのは一万円、三万円、五万円等で、基本的に偶数は避けるきらいがある。ただ、ひとつでは少しばかり気が引けるが、三つはちょっと……ということで、最近は何となくその間の二も許されるような、そんな風潮になってきてもいる。さすがに三の次の四を好んで包まれる方は少ないようだが。七五三に話を戻そう。

以前は七、五、三の数に基づき、本膳として七菜、二の膳が五菜、三の膳に三菜を供えた華やかな宴が催されていたが、現在はそうした習わしは少なくとも一般の家庭ではほとんど見られなくなった。今日では男の子は三歳と五歳、女の子が三歳と七歳（かつては男児が五歳、女児は三歳と七歳とされてもいた）で行うことになっており、ともに子供がここまで無事に育ったことを祝う。キリスト教文化圏におけるコミュニオン（Communion：聖体拝領）に相当する催事といえよう。

これは子供の髪置き、袴着《はかまぎ》（着袴《ちゃっこ》ともいう）、帯解き、といった祝いが元になっており、今のような祝われ方になったのは江戸中期以降からという。それにつけても小さなお子さんが着飾って、お母さんたちもついでに（？）もっとおしゃれをして、神社などへお参りに行く姿などは、見ていて微笑ましいものがある。

そのお子さんの手には、引きずるくらい長い千歳飴の袋が持たれている。中の飴はめでたさを表すべく紅白の長いもの。袋の図柄がまたいい。おめでたごとの定番の松竹梅に加えて、千年生きるという鶴と万年の亀。さらには〝お前百《はく》まで、わしゃ九十九《くじゅく》まで〟というわけで、箒を持ったおばあさんと熊手を持ったお爺さんのデザインで描かれている。

ここまで育った子にさらに長寿をとの願いが、存分に込められているのが、この千歳飴というわけである。そしてこれを扱う和菓子舗や百貨店、スーパー、コンビニ等々の店は、そうした親御さんたちの期待に応えるべく、忙しく振舞う。

一方、洋菓子店の方は、クリーム等で〝祝・七五三〟などの文字を入れたデコレーションケーキを手掛ける。

かつてこのケーキは、その年のクリスマスケーキの出方を占うひとつの目安となっていた。すなわちこれが売れた年は景気もよいとのことで、翌月のクリスマスケーキもそこそこいけると踏んで準備にかかり、一大商戦に挑んだものであった。逆に七五三のお菓子の出方が思わしくない時には、クリスマスケーキの数も手控えていた。

ところが近頃はそれが全く当てはまらなくなってきた。すなわち七五三にしろクリスマスにしろ、景気の思わしくない時ほどケーキはよく売れる。何となれば、外で派手に祝ったり、楽しんだりすれば費用もそこそこかかる。そうした余裕のない時節は、手ごろな予算ですむケーキを求めて、家で家族揃ってお祝いをする。したがって世の中沈んでいる時ほど、その種のお菓子はよく売れるということに。景気を表すバロメーターたるお菓子の動きも、時代によって、基準そのものが変わってくるのだとか。

ボジョレ・ヌヴォー（Beaujolais nouveau）——一一月第三木曜日（日付けが変わった午前〇時）

アペリティフ等でのおつまみ的なお菓子

このたびは甘いものからちょっと離れて、左利きのお話を。

俗に食のメッカといわれるフランスは、地図を見ればお分かりのように、おおよそ六角形をしている。そしてそこは気候温暖にして、国土のほとんどが耕作可能な肥沃の大地。加えて大西洋と地中海に面して海の幸に恵まれ、一方ではアルプスを戴き野禽類に事欠かず、かつ滔々と流れるセーヌ、ローヌ、ロワール、ガロンヌといった豊かな大河で溢れんばかりの川の幸。

神様は少しばかり与えすぎたと思し召したか、バランスをとるためにフランス人をお造りになられた……。まことしやかにこんなことをいわれるほどに、とにかく恵まれた環境にこの国はある。美《うま》し国・フランスといわれる所以である。

さて、かように豊かな国土は、各地ですばらしい葡萄も、そしてワインも生み出している。ざっと挙げても、ボルドー、ロワール、アルザス、コート・デュ・ローヌ、……等々。それらの中でも特にブルゴーニュ地方の南端、リヨンの北に位置するボジョレの新酒は、毎年話題に事欠かない。白やロゼも手掛けられているが、何といっても著名なのは赤。フルーティーな香りと燃えるように鮮やかなルビー色が人気の秘密。

そしてその年の葡萄で仕込まれ、わずか二ヶ月足らずで出荷されるのがボジョレ・ヌヴォー。ヌヴォーとは〝新しい〟という意味の形容詞である。ところでフランス産のワインと聞いただけで高価と思われがちだが、その実ピンからキリまでの多種多様。そのうちのひとつがこれだが、お値段も手頃、否、むしろこんなに安くていいの？と思われるほどのところに設定されている。

当地のみならず世界中が鶴首するその解禁日は、毎年一一月の第三木曜日と決まっている。世界同時発売の建て前ゆえ、日付け変更線の都合上、同日ということでは極東のはずれにある日出ずる国ニッポンが、全世界に先駆けてそれを口にできる国ということになる。

ひと頃のめずらしさが先立ったブームは、いくらか落ち着きを見せてきたように思うが、それでも充分すぎるほどのニュース性は持っている。そして昨今はまた、美食指向の更なる向上に加え、含まれるポリフェノールが身体にいいと、再びブーム到来。百貨店や食品スーパーでも大いに売り上げに貢献している商材である。また、巷の酒店やレストラン等でも、〝ボジョレ・ヌヴォー入荷しました〟の張り紙をし、それを謳ってこの消費マインドの高揚に一役買って出ている。

一方、ご当地フランスでも、この日ばかりはパリ祭もかくやとワイン一色で盛り上がっている。

葡萄はやはり生ものゆえ、その年々によって幾分の出来不出来があり、あの年はもうひとつだった、何年のものは良かった、今年はもっと良さそうだ、等々いろいろいわれたりもする。そして良いとされた年のものは、後々プレミアがついたりもするとか。

さて、パーティーにはお酒の相い方が付き物。そこでなくてはならないのが、ちょっとしたおつまみやスイーツ。甘い物、塩味、お料理的なもの等々。これでなくてはならない、などということはなく、どんなものでもOK。そしてそれらをつまみながら、楽しいおしゃべりに興じて気の合う仲間たちと充実したひと時を過ごす。これがアペリティフ（apéritif）。砕けた表現でアペロ（apéro）という習慣だ。フランス人は人生の達人といわれる所以はこんなところにある（アペリティフについては六月の同項参照）。

一二月・師走《しわす》

冬の味覚――一二月〜二月

焼き芋、焼き栗、お汁粉・善哉、薯蕷《じょうよ》饅頭、スイートポテト、ゴーフル

暦の上から見ると一一月七日頃の立冬から二月四日頃の立春の前日までを冬としている。陰暦では一〇月、一一月、一二月にあたるが、体感的には一二月、一月、二月がまさに寒い冬といったところか。また三冬という言葉もあるが、これは初冬、中冬、晩冬の総称で、九冬とは冬期の九〇日間のことを指している。なお、厳しい冬の表現として冬将軍とか冬帝といった言葉もある。この時季おおよそのものが眠りにつき、来るべき暖かい春の到来をじっと待つ。

洋菓子の分野ではクリスマス時のクリスマスケーキや一月の主顕節（公現節、三王来朝の祝

日ともいう）を祝うガレット・デ・ロワというパイ菓子、二月のヴァレンタインデーのチョコレート等で、ともすると暗くなりがちなこの時季を明るく盛り上げている。またパリの街中あたりでは、道行く人がマロン・ショーと呼ばれるアツアツの焼き栗やホカホカの焼きたてゴーフルに舌つづみを打っている。

一方和菓子の世界ではもう少しおとなしく、うちに控えて暖かくしながら次なる明るい息吹を待っているようだ。これは宗教観もさりながら、外向きな狩猟民族と穏やかな農耕民族との本質的な違いなのかもしれない。さて、このあたりの和のスイーツだが、寒さに耐えて健気にも凛として咲く水仙や千両といった花をかたどったお菓子、あるいは薯蕷《じょうよ》饅頭、桃山、みたらし団子といった火を使っての焼きものなどが手掛けられる。また暮から正月にかけては、お歳暮やお年賀といったお使い物の頻度も高まる。そうした折に先様に気持ちを表すものとして、羊羹などが丁重に用いられる。これは戴いた方も、日持ちがするため気の向いた時に口にでき、また不意の来客などにもさっとお出しできるなど、使い勝手が便利ということもあるゆえか。ではそうした和洋のテイストの冬のキャストのいくつかをご紹介しよう。

お汁粉・善哉

日毎に寒さが募ってくれば、当然のこと人は温かいものが欲しくなる。自然の摂理である。

和菓子界にはそんな時のためのおあつらえ向きのものがある。お汁粉だ。近頃はまわりにおいしいものが溢れ、これに接する機会もめっきり少なくなったように思うが、かつてはあんみつやみつ豆と並んで、甘味デザートの中核を占めるひとつであった。

そんなお汁粉だが、あれは餡を溶いた中にお餅が入っており、よく考えるとお萩やぼた餅の変形ということが分かる。あるものにほんの少し手を加えるだけで、まるで別のものの如くに変身させることができるという、見本お手本のようなお菓子である。考えついた人には思わず敬意を表したくなってくる。甘くて美味しい、温まる、と、よろず乏しかった時代、ましてや暖房器具の揃わぬ頃には、とんでもなくありがたいご馳走だったに違いない。鏡割り（割るという言葉を避けて鏡開きともいう）や柔道、剣道といった武道の寒稽古の後などには、そうした名残りがとどめられている。

ところでその同じ物が、関西では善哉の名で呼ばれている。元をたどると仏典から出た言葉で、これを二度繰り返すのは歓びの極みの表現とか。すなわち読んで字の如く、〝善いかな〟で、おいしいものの呼称としては、これほどのものはない。

そしてこの表現を初めて用いたのは、京都の大徳寺の住職であった一休禅師と伝えられている。あの一休さんなら、いかにも〝よいかな、よいかな〟とつぶやきながら目を細めつつ、いただきそうな気がしてくる。なお、出雲地方の一〇月、神在月《かみありづき》に行われる神在祭に神在餅《じんざいもち》が振る舞われるが、それが訛ってぜんざいの語源になったとの説もある（日本のお菓子の記念日参照）。ところで固形を液状、すなわち今様でいうならソフトドリンクにした人も偉いが、それをまた固形に戻した人もすごい。懐中汁粉だ。最中の皮のような器の中に、乾燥させた餡と餅とが入っており、お湯を注ぐとでき上がるインスタント汁粉である。思えばインスタントラーメンができるはるか以前の考案。これを考えた人にも畏敬の念を禁じ得ない。

薯預《じょうよ》饅頭

薯預とは山芋のことで、それを使って作る上級の蒸し饅頭。またこれとは別に上用饅頭ともいっているが、これについては皮作りの材料に上用粉を使うことからの命名である。ホカホカに蒸し上がったこれも、寒さの折にはたまらない魅惑の一品であろう。

ではここでその饅頭についていささか考察を深めてみよう。伝承によれば『三国志』でお馴染の諸葛孔明が南征の折、悩まされていた荒天を鎮めるために蛮族の頭をいけにえにとの従者の進言を受けた。あたら人の命失うを偲びずと、麺に豚や羊の肉を混ぜて人頭に模し、祭壇に供えたところ天候は回復し、無事進軍を果たすことができたという。そしてこの故事から蛮頭が転じて饅頭になったとか。ソフトなイメージからは想像し難い少々怖いお話だ。

さて、日本への登場では、次のような話が伝わっている。ひとつは鎌倉中期の一二四一年、宋より帰った僧侶、聖一《しょういち》国師が博多に住んだ折、留学先で習い覚えた饅頭の製法を粟波《あわなみ》吉右衛門という人に伝えたというもの。吉右衛門はそれをもって虎屋と号する饅頭屋を開いた。もうひとつは南北朝の頃の一三四一年、南朝でいえば興国二年、北朝暦でいえば暦応四年、同じく宋に留学していた京の僧侶の龍山禅師が帰国の折、弟子としていた林浄因《りんじょういん》を伴ってきた。彼は饅頭の製法を心得ていて、来日後居を定めた奈良においてそれを手掛けた。

彼は後に姓を改めて塩瀬と称したが、これが世にいう塩瀬饅頭の始まりという。ただ実際にはそれらより早く鎌倉の初めにはすでにお目見えしていたらしい。そして一般化するきっかけとなったのが、かくいう高僧との関わりから……。日頃より何気なく口にしているお饅頭ひとつにも、こんなさまざまな歴史がある。

スイートポテト

今の時代は何でも揃っていて、おいしいものに事欠かないが、かつては寒い時の美味といえば、何をさておいても焼き芋であった。焚き火をすれば必ずこれをくべ、遠くから聞こえてくるのは〝イーシヤーキイモー〟の売り声であった。むろん今でも石焼き芋は売られているが、それぐらいしかなかったあの頃のものは、何でもある今と違って、もっと存在感があり、何だかそれ自体が生活の一部のようなところがあった。それほどにこれは我々にとって馴染みが深く、身近なものだったのだ。

そんなさつまいもを使って洋風に仕立て上げられたのが、ここに取上げさせていただいたスイートポテトである。いわば日本人の手になる欧風菓子の代表格ともいえるものだが、ではいったいどんなプロセスをもってこれが作られたのか。この度はそんなところを検証してみよう。が、その前にひとこと。俳句の世界では単に芋というと秋の季語。秋口に採れる野菜だから。そしてこれが焼き芋となると季語が冬になる。寒さの折にこれを食べるといかにもホカホカしてあったまるからか。別にたいした問題ではないのだが、本書も一応は歳時記と銘打ち、その形式をとっているものゆえ。余計なことを申し上げた。本文を続ける。

明治の初め頃、それまでの南蛮菓子とは様子が異なる、いわゆる西洋菓子が入ってきた。当時は、ことお菓子に限らず何によらず、あらゆるものがいちどきに雪崩を打って入ってくるわけだから、受け止める方もたいていではない。カルチャーショック、異文化症候群に戸惑う間もあらばこそ、持ち前の進取の精神を遺憾なく発揮して、押し寄せるそれらを次々に取り入れ、学び、自分たちのものにしていった。そしてその技術や情報を活かして、さらに新しいものを生み出していく。

他の分野も同様と思うが、お菓子の世界も例外ではなかった。何事にも果敢に挑むお菓子司の職人たちは、知識を活かす知恵を身につけていた。〝そうだ、日本にはさつまいもがある。焼き芋の嫌いな人はまずいない。ならばこれを使って、何とか洋風のお菓子ができないものか〃こんなことを考えたようだ。それでなくてもこの芋は、「栗（九里）より（四里）うまい十三里半」などといわれたうまいものの代表格。これを使えばおいしいものができないわけはないと、ああだ、こうだと思いつくままに手を尽くしてみたのだろう。

焼いたり蒸かしたりした芋をほぐして、さらに甘くするため砂糖を加え、西洋菓子の主要原材料のバターに卵、そしてほんの少々の洋酒を入れて練り上げる。このあたりは餡を炊き上げる要領で心得たもの。後はどう形作るかだ。容器がなければ、剥いた皮を利用してその上に盛り付けてみようか。整形したビスケット生地にも絞ってみよう。焼き色はもうちょっとおいしそうにと、栗饅頭に塗る手法をもってして、表面に刷毛で卵黄を塗ってみる。こうしてできたのがこのお菓子。

最初は〃いもれうり（芋料理）〃と名付けられたが、そのうちに名前も洋風にとスイートポテトとされるに至った。まさに和魂洋才の逸品である。ちなみにこれをこのように仕立てたのは、筆者の母方の祖父、当時銀座の米津凮月堂の製造方の総師をしていた門林弥太郎であったという。その後もこのお菓子は多くの人々に愛され続け、今やすっかり日本の風土に溶け込んでしまった。

そして秋深まる頃からお菓子屋のショーケースに並び始め、そのままウィンターシーズンの主役を演じるまでに成長していった。それどころかシーズンが終わっても続く需要に打ち切れず、通年商品として扱い続けるお店もまた数知れない。

ゴーフル（gaufre）

晩秋から冬にかけての風物詩といえば、お菓子の本場とされるパリではこんなものがある。ゴーフル（gaufre）だ。私もかつて在仏中、この時季になるとよくこれを求めたものだ。そのゴーフル、パリの街角ではクレープ屋と同様一坪ほどの囲いの店で商われ、ゴーフリエと呼ばれる金属製の流し器にタネを流し込み、挟んで焼かれる。いってみれば鯛焼きか人形焼のような作り方である。その二枚の金属製の型は長い柄の先についており、その型には宗教上の象徴を模したものをはじめ、さまざまなデザインが浮き彫りにされている。ただ通常見られるのは格子模様が多いようで、パリでもほとんどがこのタイプである。つい先頃ベルギーワッフルとして日本でも流行ったあのような形である。次いでながら申すと、ゴーフルもワッフルもウェファースも語源は同じ。でも頭の中では全く異なるものとしてイメージしているから面白い。

さて、パリのゴーフルだが、そのメニューというかヴァリエーションについては、さほど複雑でもなく、一般にはジャムやバターを塗ったり、粉砂糖を振りかける程度のもので、このあたりは立食クレープの供され方とあまり変わりはない。そして人々はその焼きたてを紙に包んでもらい、フーフーしながら食べ歩く。これがなかなかにうまい。特に寒い時などはたまらない。口も胃も温まるが、何よりそれを持つ手が温まる。それぐらいパリの冬は凍えるほどに寒さがきつい。

お歳暮——一二月一日～一五日

焼き菓子、半生菓子、羊羹、最中、煎餅等

一年を締めくくる師走といわれるこの月は、お菓子が主役のひとつたるお歳暮商戦から始まる。それは百貨店等流通業界の最大のイベントでもある。瞬間風速ではヴァレンタインやひな祭りセール、ホワイトデー、クリスマス等々の催事も小さくないが、これらに比して期間の長さやボリュームが違う。

本来、歳暮はその語の通り年の暮の意味で、それがいつしか物を贈り合って一年の健康を祝したり、お礼やご挨拶を表す習慣になっていったという。元来我々日本人は、真面目にして礼節を尊ぶところがあるが、それが一年の締めくくりとあれば、この贈答の習わしはことさら大切なものとなってくる。

ところで世の中せわしなくなればなるほど、ことは前倒しで進んでいく。すなわち本格的な商戦は一二月一日からで、その区切りは一応一五日までとなっているが、そこは戦い、いろいろと作戦が練られる。先に述べたお中元と同様、各百貨店ではお客様のご要望や需要に応えるべく、そしてなるべく早めに受注を、という戦略上の事情も含めて、実際には前月の半ばにはギフトセンターをシフトし、その態勢に入っていく。

ただすぐに全開というわけにもいかず、始めの一週間ほどは先ず小規模に立ち上げ、次第に拡大して間口を広げていく。そして一五日を境に、今度は逆に縮小していき、クリスマスセールと入れ替わるようにしてその幕を閉じる。なお販売のピークとしては、これもお中元と同様だが、官公庁の賞与の出た直後の日曜日、すなわち一二月の第一日曜日もしくはその次あたりが、俗にいうボーナスサンデーとなって、掻き入れの大忙しとなる。

しかしながら、近年は余裕がなくなってきたのか、競争も厳しく、これまたお中元と同じく、早期受注割引、略して早割《はやわ》りの花盛りで、各社ことに及んでいる。そんなわけで一時ほどの突出したピークもなくなったが、依然として他の月を圧するビッグマンスであることに変わりはない。

その折のキャストだが、日持ちがして、そこそこ量産ができて、遠方に送っても壊れないということで、これまでは乾き物と称されるクッキー等の焼き物が中心であったが、包装形態や品質保持剤の進歩もあって、マドレーヌやフィナンシエといった半生タイプのものもシェアを広げてきた。

これは和菓子の分野でも変わらず、難しいと思われていたものも、どんどんその幅を広げてきている。そしてさらには配送手段の進化から、これまで送ること能わざるものと思われてきた限りなく生に近いものや、まるっきりの生ものたる生鮮商品類までもが、お歳暮商戦にリストアップされてきた。ただそうなると、逆にありがた味が薄れるような気もしてくる。できなければそれを望み、できればつまらなくなる。自分も含めて人間とは、ほとほと身勝手なものである。

なおこの期間だが、儀礼的には一日から一五日までとなっているが、近年は少々ルーズ？になってきている。受注は早めにしてもお届けの始まりは一二月一日と変わらないが、そのリミットが一五日着とされていたものが、一五日までに出せばいいとなり、そのうちにクリスマス前までならいいだろう、さらには、まぁ年内に着けばいいのではないか、なんてことにもなってきた。本来のお歳暮の意味合いからいえば、年内でいいのかもしれないが、ただ思わぬ方から年が迫ってから戴いたら、そのお返しが年を越してしまいかねない。よって相手方のことを慮ったら、どうせ贈るならなるべく早めの方がいい。そんなこんなでいろいろ考えた結果、そのリミットがこの月の中間の一五日というところに落ち着いたのではないか。

クリスマス——一二月二五日

クリスマスケーキ、プレゼント用お菓子

お歳暮商戦がピークを迎える頃、バックヤードでは、お菓子屋さんの、それも洋菓子分野での最大のイベントであるクリスマスの準備に大わらわとなる。そしてお歳暮商戦が終盤を迎えると、入れ替わるように舞台が変わり、一気にクリスマス商戦に突入していく。クリスマスとはキリストのミサということで、いうまでもなくイエス・キリストが誕生したことを祝う催事である。その主の御子の誕生日だが、信仰の有無に関わりなく知られているように、一二月二五日とされている。しかしながら実際のお祭りとしては、当日よりその前日の二四日、クリスマス・イヴと呼ばれる日の方が盛り上がりを見せている。これはかつて人々は一日を日没から日没までと数えていたことによるもので、今日の感覚からすると日にちがずれる形となり、そんな流れのまま今に至り、結果イヴの日が尊重されるようになったのだ。すなわち二四日の日没後は、昔ならもう二五日なのだ。

なおこのクリスマスを祝う儀式については、三世紀に入ってから行われるようになったという。ただ当初はその月日はマチマチで、今日主顕節として祝われている一月六日がそれに当てられたり、昼の長さが夜に追いつき追い越す春分の日とされたり、また冬至近辺の一二

月二五日に行われたりとさまざまであった。その不都合を解消すべく、西暦三五四年にローマ教会が一二月二五日と定め、少し遅れてギリシャ教会もこれに合わせるようになっていったという。

ではなぜその日としたのか。日本の神道も含めて、世界のおおよその宗教観は、太陽を崇めるいわゆる農神祭的なところから発している。すなわち、すべてとはいわないが多くの人々の間では、冬至は太陽の復活を祝う日とされ、また一年の始まりでもあった。初期のキリスト教徒たちもこうした日、つまり来るべき春への光明に期待を抱かせる日を、自分たちの信ずるキリストの降誕の日になぞらえていったようだ。今日では冬至は一二月二一日近辺ということが分かっているが、何ぶん昔のことゆえ数日の違いは仕方のないところ。

それにしても当時のキリスト教徒たちも、人々が抱く人間としての本質的な面を包括しつつ、キリスト教を今日的なものにまとめ上げてきたということが分かる。また同時にそれは、人が心に持つ本来の純粋さが伝わってくるひとこまでもある。

各国のクリスマスケーキ

一口にクリスマスケーキといっても、各国それぞれに多様である。日本では圧倒的にいちごと生クリームで作るショートケーキと称するものが中心だが、抱えている歴史的な、あるいは民族的な背景の違いから、各地ではお国柄を表すさまざまなものが楽しまれている。たとえばスイスを含むドイツ語圏では、蜂蜜入りのビスケット生地（レープクーヘンと称されるもの）で作る〝魔女の家〟と訳されるヘクセンハウス（Hexenhaus）。ヘンゼルとグレーテルのお話に出てくるお菓子の家である。ドイツではイーストを加えたシュトレン（Stollen）なる発酵菓子。イギリスなら大航海時代の船乗りの知恵から生まれたというプラム・プディング（plum pudding）。イタリアでは五〇〇年前より親しまれているレーズン入りのパン菓子パネットーネ（panettone）、等々。

そうした数多ある中でも、クリスマスの生い立ちを如実に表すこんなものもある。フランスの薪型をしたビュッシュ・ド・ノエル（bûche de Noël）というお菓子である。

通常はスポンジケーキとバタークリームを使って薪形にこしらえ、それらしく切り株まで作って、クリームの蔦《つた》を絡ませたり、メレンゲ製のきのこを飾って仕上げる。なお昨今は、中をムース状にしたり、アイスクリームで作られたものなど、多くのヴァリエーションも楽しまれている。薪形の由来については冬至、すなわち新年を迎えるにあたって、前の年に残しておいた薪の燃え残りで火をつけたその灰が、火傷の薬とされたり、火事や雷除けのおまじないになったという、遠いリトアニアの神話に由来していると伝えられている。

バルト三国のひとつのリトアニアと、ヨーロッパの中央部にあるフランスとの結びつきがなんとも不思議な気がする。おそらくゲルマン民族大移動の際の、文化や民話の飛び火のゆえか。ともあれヨーロッパは多民族の寄り合い所帯でなされている大陸である。歴史をたどったところには、いろいろな繋がりがあるものと推察する。

飾られたキノコについては、種も撒かないのに忽然と生えてくる不可解さから、生命の誕生、神秘の象徴として、キリストの生誕になぞらえたものといわれている。なお、このお菓子を今日的なものに最初にしつらえたのはシャラブー（Charabout）というパリの菓子店で、一八七九年のことであった。ちなみに宗教的な背景のない日本は、自分たちが最も好む生クリームといちごのショートケーキを、それ用の飾りで仕立ててクリスマスケーキとしている。

ついでながら、クリスマスにつきもののサンタクロースについて。

これは子供を保護する四世紀頃の小アジアのミュラの司教セント・ニコラスから転じたものといわれている。その聖ニコラスの日は一二月六日だが、元をたどるとオランダ語の方言で、それをSante Klausとなまったものがオランダ人の移住とともにアメリカに伝わり、誤って聖女を意味するサンタになり、サンタ・クロースとなっていった。そして当夜、トナカイの引くそりに乗って、子供たちにプレゼントを持ってくる、赤い服を着た白髭のお爺さんということに……。

追記するに、フィンランドのロバニエミという地にサンタクロース村があり、ちゃんとその姿をしたサンタさんがおられる。そして世界中の子供たちからくる手紙にせっせと返事を書いてくれてもいる。子供たちの夢を大切に守りながら。

年末年始（ゆく年くる年の舞台裏）——クリスマス後〜正月

羊羹、最中、落雁等の和菓子各種、ケーキ類の生菓子、クッキー、マドレーヌ、フィナンシエといった焼き菓子や半生菓子等の洋菓子各種等々

クリスマスが終わると、舞台は一転、世の中は年末年始モードに切り替わる。百貨店を含む各商業施設も、お節料理や注連飾《しめなわ》りが全面に出て、一気にお正月を迎える臨戦態勢に入る。この変わり身の速さは見事という他はない。また売場の雰囲気も、学校が冬休みに入ったこともあってか、家族連れも急に増え、勢い和やかな雰囲気に溢れ、華やぎに包まれる。一方その舞台裏も、クリスマスを終えた安堵感に浸る間もなく、これまでにも増しての大忙しとなる。

日本人にとっての新年とは、昔から続けられてきた、すべてが改まるものとしての一大行事である。冷蔵庫はすでに一杯にもかかわらず取りあえず買っておこう、お正月だからと。和菓子も洋菓子もあれもこれもと、とにかくお求めくださる。商う側としてはありがたいこ

とこの上ない。具体的には和の分野なら、家にいらっしゃるかもしれないお客様用に先ずは羊羹や最中、お持たせには何にしよう……、カステラやお煎餅なんかも用意しておくか。お茶と一緒に落雁も花びら餅も……と、いろいろなシチュエーションを頭に描きながら、迎春の準備に余念がない。洋の範疇またしかり。クリスマスケーキをしっかり召し上がってくださったにもかかわらず、あるいはそれで弾みがついてか、各種のケーキ類を彩りよく並べたショーケースに足をお止めくださる。

また和にも劣らず、不意のお客様用にとマドレーヌやフィナンシエといった焼き菓子やクッキー類を求め、また手土産用にとそれらのセット箱をいくつも買われる。そう、人様をお訪ねする時には、〝菓子折りのひとつも〟などという、お菓子屋にとっては涙の出るようなうれしい言葉が日本にはある。当事者としてはありがたいことだ。

では、その舞台裏はどうなっているのか、ちょっとのぞいてみよう。たとえばお菓子大国といわれるフランス。あちらではクリスマスケーキ、主にビュッシュ・ド・ノエルだが、これが終わるやすぐさまガレット・デ・ロワの生産に取り掛かる。何しろ周り中がすべてクリスチャンゆえ、クリスマスケーキを求められる人のほとんどすべてがこれを求めて来られるのだから、受ける側はたいていではない。店主にとっては掻き入れ時が二度もあるのだから喜ばしい限りだが、パティシエたちにとっては戦場である。

また、トレトゥール（Traiteur）という仕出し料理、いわゆるケータリングの部所もてんてこ舞いの修羅場と化す。このトレトゥールというシステムは、古くギルドの時代からお菓子屋の仕事の範疇に組み込まれている。レストラン業は来店客に料理をサービスするが、ケータリングはしてはならない。一方お菓子屋は、ケータリングはしてもいいが、来店客に料理を出してはならない、との取り決めがなされているのだ。よってあちらのパティシエはたいていの料理はこなすことができる。年末年始はあちこちでホームパーティーが開かれるが、そのあたりはお菓子屋の独壇場である。大量のガレット・デ・ロワ作りの一方で、殺到するトレトゥールのオーダーに大わらわ。気付くと時計が一二時を指す。表を走る車がクラクションを鳴らし合っている。あちら流の新年の挨拶だ。パティシエたちが〝ボンヌ・アンネ（新年おめでとう）〟と言い合い、それでも手は動きを止めることなく、そのまま仕事を続行。でないといつまでたっても終わらない。

日本も大変だが、あちらもどうして、それ以上に慌しくせわしない。否、この職業に携わる世界中の人たちが、新年を寿ぐために舞台裏で懸命に汗を流している。こうしてまた新しい年が始まり、この章の振り出しへと戻っていく。

第二章

お菓子の記念日

製菓・製パン業における守護聖人とその祝日

日本のお菓子の神様――祝日は三月一二日

〝洋〟菓子の世界には、その職業を守り支える守護聖人がいるが、日本にも菓祖神と崇められるお菓子の神様がおられる。

時は紀元六一年と伝えられるゆえ、西欧においては、まさにローマ帝国最盛期の頃のこと。現在の兵庫県にあたる但馬の地に、朝鮮半島の一国である新羅の王子・天日槍《あめのひほこ》の子孫が住んでいた。彼は但馬というその地名を氏とし、田道間守《たじまもり》と名乗っていた。田道間守は第十一代の垂仁天皇の命により、常世国《とこよのくに》すなわち今の朝鮮半島に不老不死の仙薬果《せんやくか》とされる非時香果《ときじくのかぐのこのみ》を求めて旅に出た。苦節十年の末、ようようにして使命を果たして帰国した時には、天皇はすでに崩御された後であった。陵前に伏して慟哭した彼は、ついに食を絶って自らの命を捧げたという。

この時に持ち帰られた非時香果と呼ばれるものは、今でいう橘《たちばな》のことで、中国大陸の南部地方の何れかのものであろうといわれている。ちなみに「ときじく」とは「時に非らず」、つまり季節はずれの意味を持つ。橘は夏に実をつけ、そのまま秋や冬に至っても木に成り続け、一度橙《だいだい》色になるが、春を過ぎてからまた緑に戻ってしまう。よってこの果実は橙《だいだい》と称される一方、回青橙《かいせいとう》の名でも呼ばれている。また二年目や三年目の実と一緒に成るところから、「代々」の語になぞらえて、正月の縁起物のお飾りとして用いられたりもしている。

時が下って大正時代の初期、お菓子はかつて果子と書いていたこともあって、これは木の実、すなわち果実を始まりとするとの解釈と、彼をそのいきさつから文臣にして本邦初の忠臣とする考えとが相まって、田道間守はお菓子の神様、菓祖神とされるに至った。その間ずっと忘れられていたわけでもないのだろうが、語り継がれていくうちに神格化されていき、時あたかも忠君愛国をよしとする背景とともに、にわかにクローズアップされ、しかるべく収まっていったものと思われる。

現在、田道間守は兵庫県豊岡市の中島神社と、和歌山県海南市下津町の橘本《きつもと》神社の二社において祀られている。なお前者は田道間守出身の地として、後者は持ち帰った橘の苗を初めて植えたところとして伝えられている。

ところでこの菓祖神の記念日だが、三月一二日とされている。これについては、同日が田道間守が亡くなった日と伝えられており、すなわち神様となった日ということから、このように定められた由。また橘本神社の前山和範宮司の提唱により、同日を「だがしの日」と定めて、毎年子供たちを楽しませるイベントを行い、お菓子の普及に努めている（日本のお菓子の記念日の「だがしの日」の項参照）。

洋菓子の本場における守護聖人とその祝日

キリスト教を精神的なバックボーンとしたヨーロッパ諸国では、各職業がそれぞれ自分たちの守護神を戴いており、その祝日を定めている。そして一年三六五日の毎日が、いずれかの聖人の日とされており、その職業に関わる人々はその日を特別な思いをもって迎えている。

本書はもとよりお菓子に軸足を置いたものだが、ヨーロッパでは古来よりパンについても同種の業態として捉えているゆえ、ここではその製菓業と製パン業をひとくくりとしてまとめ、さらに〝食〟の世界の他分野も加えてアルファベット順に追い、以下に記してみる。

サン・トベール（Saint Aubert：聖オベール）

製パン職人の守護聖人。祝日は一二月一三日。

ベルギーの製パン職人たちは、自らの職業の守護聖人に、サン・トベールを戴いている。彼は七世紀のカンブレの司教で、六六九年または六七〇年に帰天したといわれている。絵画に表されているところでは、サン・トベールは二袋のパンを積んだロバとともに描かれており、そのロバの首には、受け取った代金を入れる財布の袋が下げられている。

伝承によると、彼が焼いたパンをロバがひとりで街に運び、売りに行った由。そしてその代金で施しを行い、数々の修道院を建てることに役立てたという。そうした逸話により、製パン職人たちは彼を自分たちの職業の守護聖人に戴いた。

サン・トゥーリス（Saint Eurice：聖ウーリス）

オブライユール（ウーブリという巻きせんべい作りの職人）の守護聖人。祝日は一一月二七日。

フランスのいくつかの町では、オブライユール（oblayeurs）と呼ばれるウーブリ（巻きせんべい）を焼く職人が、ウーリス（Eurice）を自分たちの職業の守護聖人に選んだ。ウーリスとは、ギリシャ語で小麦を意味する語でもあり、オブライユールたちが自らの職業のパトロンに選んだのもそうしたところに起因したものと思われる。

なお、サン・トゥーリスは五四二年頃フランスのペリグー地方の大変貧しい家庭に生まれて、ほどなく修道院に売られ、後に司祭になった。祈りと孤独を旨とした修道者として知られている。

サン・トノーレ（Saint Honoré：聖オノーレ）

製パン職人の守護聖人。祝日は五月一六日。

彼はフランスのピカルディー地方ソンム県のアミアンの司教であった。聖人伝説によれば、当時の名家とされるポンティユ伯爵家に生まれ、幼い頃から断食をするなどして自らを律していたという。

パン作りを職業としていた彼は、五五四年に死去したアミアンの司教ベアールから自分の跡を継ぐように指名されていたが、謙虚な彼は堅く固辞していた。が、ある時、神秘的な香油によって際立った神の光が天から送られ、彼は聖別させられた。なお、この時、たまたまパンを焼いていた彼の乳母は、それを目の当たりにし、あまりのことに驚き、パン焼きのヘラを足元に落としてしまった。するとそれはそのまま地中に入り、そして芽を吹き、たちまち育って枝が伸び、みるみるうちに木の葉や花に覆われていった。

後、一五三六年、製パン職人たちが寄進した大ステンドグラスがコルブレ神父によってポントドメールのサントゥアン（Saint-Ouan）教会に掲げられたが、そこにはその情景が描写されている。そしてそこでは、サン・トノーレが腰と頭を白い布で被った裸の姿で描かれ、パン焼きのヘラは炎と対峙するように、無数の花を咲かせた小灌木となっている。

こうした情景で確認できるのは、サン・トノーレが製パン業に深い縁をもっていたことである。このことはまた、一四世紀の文献より引用した同様の資料を、一八七七年に刊行した『ヴィクトル・ド・ボヴィル』によっても裏付けられている。

なお、これらについては、ラテン語による次のような記述もある。サン・トノーレは成人すると、神職という慈善事業とパン作りの仕事に没頭していた。この仕事はフルニエ（fournier）、すなわちパン焼き屋と呼ばれていった。彼はあらゆる誘惑に目もくれず、名誉を望まず、常に断食を行うなど信仰に厚く、徹夜仕事もいとわず、自らの身体を自らの魂の奉仕者としていた。

また、宗教上の実践にこだわりながら、神と隣人に対する愛に炎を燃やし、生活の糧とするパン作りの仕事を通し、その手によって生み出すものをもって隣人を助けつつ、心安らぐ犠牲を神に捧げた。パン作りという職業を通してのサン・トノーレの信仰は、アミアンからコルビ、ソワソン、サン・ヴァレリ、ノワイヨン、ナミュール、そしてパリへと流れる如く広まっていった。

以上のことから、彼は今日、花屋及びパン屋、製パン職人の守護聖人とされている。またパン屋はお菓子も手掛けるため、菓子職人の守護も兼ねているという。

サン・ローラン（Saint Laurent：聖ローラン）

パティシエ・ロティスール（焼肉担当製菓人）の守護聖人。祝日は八月一〇日。

ローマ皇帝によって処刑された殉教者サン・ローランは、パティシエ・ロティスールと呼ばれる焼肉担当製菓人の職業の守護聖人に選ばれている。その軌跡をたどると以下の如くである。グリルに身を横たえた彼は、獄吏に向かってこういったという。

「私の体の半分は焼けた。もう半分を焼くために体の向きを変えてくれ。そして焼きあがったら、それを食べるがよい」と。

一八五〇年にシャルリで、一五世紀の鉛版が発見されたが、そこには右手にグリルを、左手に本を持った、光臨に輝くサン・ローランが著わされている。そして足元には一本の焼き串と二羽のひな鳥が描かれていた。このことにより、彼はパティシエ・ロティスールの守護聖人とされるに至った。

サン・ルイ（Saint Louis：聖ルイ）

製菓人《パティシエ》の守護聖人。祝日は八月二五日。

サン・ルイもまた、パティシエの同業組合から、その職業の聖人に選ばれている。おそらくパティシエを含めたあらゆる業種に対しての横暴を極めていた憲兵隊が、彼によって厳しく制せられたことによるものと思われる。

当時、王は一二五八年に止めさせていたはずの権力の濫用の元となる憲兵隊を心ならずも抱えていたが、その隊長に裕福なブルジョワのシャルル・ボワロを任命した。シャルル・ボワロはそれまで決して明らかにされていなかった各同業組合の組織立てや習慣、あるいはそれらの職業の手法等の成文化を行った。そのガイドラインは、今もシャルトルの古文書館に保管されている。世にも著名な「職業の書」はこうして完成を見た。

なお、同書の大部分は同業組合の仕事内容における習慣についての記述であり、そこにこそ特筆すべき点があるのだが、国家の責任者たちにより布告されたさまざまな規制については、残念ながらその詳細は語られていない。しかしながら、彼はその功績により、死後、サン・ルイ（聖ルイ）の名をもって聖人に叙列されるに至った。

サン・マケール・ル・ジュヌ（Saint Macaire le jeune：聖マケール・ル・ジュヌ）

製パン職人、ウーブリ職人、焼肉担当製菓人、製菓人の守護聖人。祝日は一月二日。彼もまたパティシエたちによって、その守護聖人に選ばれている。彼はエジプトのアレクサンドリアの聖者で、若いという意味のル・ジュヌの語が付いているのは、兄のサン・マケール・エジプト・ランシアン（Saint Macaire Ejipt l'Ancien）との区別のためと思われる。

彼はかつてアレクサンドリアの町で、パティスリーやドゥスール（ドラジェとかボンボンといった甘味菓子）、果実などを売って生計をたてていたという。その後、四〇歳の頃修道院に入り、エジプト各地の修道院で暮らした。そして動物と心を通じるようになった。伝承によると、信仰上の理由による断食によって、自らの魂の罪をあがなおうとして、食欲を節すべく、薄く切ったパンを鐘形をしたテラコッタ製のガラス器に入れ、指で取れる分だけ口にすることを思いついた。たいそう難しいことではあったが、ともあれこうして三年を過ごした。それは一日五オンスのパンがせいぜいであったという。この克己と恵みへの感謝の精神をもって、彼は〝アレクサンドリアのマケール〟と呼ばれて、ブランジェ（製パン職人）、ウブライユール（ウーブリ職人）、パティシエ・ロティスール（焼肉担当製菓人）、そして今日いうところのパティシエ（製菓人）の同業組合の守護聖人とされるに至った。

サン・ミッシェル（Saint Michel：聖ミッシェル）

製菓人の守護聖人。祝日は九月二九日。

お菓子の世界では一三世紀頃、お菓子屋の同業組合が、サン・ミッシェルを自分たちの職業の守護聖人と定めた。彼については、古代よりすでにヘブライ人が、彼を神に選ばれた功徳者名簿に記載していたことが確認されている。また彼は大天使ミカエルと呼ばれる天使の長で、常に悪を打ち破る勇者とされている。

古今描かれている絵画などでは、天使の象徴たる翼を持ち、甲冑に身を固めた若い清らかな騎士の姿で剣を付け、槍を持って悪の象徴である醜い怪獣を踏み下している。そしてもう一方の手には善霊と悪霊とを計り分けるための天秤を持っており、その祝日は九月二九日となっている。ところでこの日は、実は当時農業に従事していた人たちが出来高を計りに掛けられ、賃金の支払いを受ける日であったのだ。

一方、お菓子なるものを原点に立ち返らせるなら、行き着くところは小麦と計量である。よってサン・ミッシェルは計量を必須の作業とする農産物加工業たるお菓子屋の守護聖人とされるに至ったのである。

ちなみにパリにある製菓人相互扶助協会も、これらの背景に基づいて、その名称を La société des pâtissiers "La Saint Michel" としている。なお、中世のフランスでは、彼をさまざまな同業組合《ギルド》の守護聖人に選んでいる。たとえば秤を使うところから、製菓人、製パン職人、食料品取り扱い人、描かれたその姿から、騎士、剣術指導者、剣の研ぎ師、その他理由は定かではないが、塗装職人、ガラス職人、鳥かご製造者となっている。

ところで、パリのカルティエ・ラタンにあるこの像の前は、東京でいえば渋谷のハチ公前の如く、有数の待ち合わせ場所となっており、若人の集まるこの地区のシンボルとなっている。ちなみにここの像は秤は持っていない。

また、ブルターニュ地方の景観モン・サン・ミッシェル（Mont Saint Michel）もその尖塔の美しさでは定評があるが、その頂《いただき》にもこの聖人が勇姿をかまえており、世界的な名所のひとつになっている。なお、彼にまつわるエピソードとしては、次のようなことが伝えられている。

かつてパティシエたちはこの日に奇怪な風習を持つようになった。仮装して行列し街にくりだし、天使の姿をして馬にまたがり、手には大きな秤を持ち、悪魔に扮した者を縛って、引きずるなどの行進をした。そして大挙して彼らの守護聖人を祀るバルテルミー教会にくりだすのであった。毎年大混乱を起こすため、その行為はあまりに行き過ぎにしてふざけ過ぎるとの判断から、一六三六年、パリの大司教により禁止されてしまった。

その他では、英仏戦争の折、ルイ九世が一四六二年八月一四日にアンボワーズの城において、サン・ミッシェル勲章を制定している。元来この勲章は、三六人の宮廷人に授けるためのものであったが、一〇〇人を超すほどにもなり、そのために毎年その叙勲式は、この聖人の祝日の前夜に、モン・サン・ミッシェルの修道院で行われるようになった。

後、一五八七年にアンリ三世は、自らが創設したサン・テスプリ（聖霊）勲章とこの勲章を合併した。しかしながら一七八九年にそれは廃止され、一八一六年に、文芸、科学、芸術への賞として復活した。今日のパルムアカデミック（教育功労章）のもととなるものである。

また、イギリスでは、九月二九日にそのためのミサはあげられないが、ミカエルマス（サン・ミッシェルの祝日）として、その日に、たとえばロンドン市長の任命式のように、公選司法官の任命を執り行っている。附記するに、この日ロンドンでは長い間、サン・ミッシェル風とするガチョウ料理を食べる習慣がある。

食の分野における守護聖人一覧

先に紹介した守護聖人も含め、その他、伝えられる食に関する職業とその守護聖人たちをアルファベット順に整理してみると、以下の如くになる。

「ブシェ（Bouchers：ミートパイ職人）」の守護聖人

サン・タドリアン（Saint Adrien：聖アドリアン）——祝日は一二月二〇日

サン・タントワーヌ（Saint Antoine：聖アントワーヌ）——祝日は一月一七日

サン・トレリアン・ド・リモージュ（Saint Aurelien de Limoge：聖オレリアン・ド・リモージュ）——祝日は五月一〇日

サン・バルテレミ（Saint Barthélémy：聖バルテレミ）——祝日は八月二四日

サン・リュク・レヴァンジェリスト（Saint Luc L'Evangéliste：聖リュク・レヴァンジェリスト）

サン・ニコラ・ド・ミール（Saint Nicolas de Myre：聖ニコラ・ド・ミール）——祝日は一〇月一八日——祝日は一二月六日

「ブランジェ（Boulangers：製パン職人）」の守護聖人

サン・トベール（Saint Aubert：聖オベール）——祝日は一二月一三日
サン・テリザベス・ド・オングリ（Saint Elisabeth de Hongrie：聖エリザベス・ド・オングリ）——祝日は一一月一七日
サン・フィアークル（Saint Fiacre：聖フィアークル）——祝日は八月三〇日
サン・トノーレ（Saint Honoré：聖オノーレ）——祝日は五月一六日
サン・ラザール（Saint Lazare：聖ラザール）——祝日は一二月一七日
サン・マケール・ル・ジュヌ（Saint Macaire le jeune：聖マケール・ル・ジュヌ）——祝日は一月二日
サン・ミッシェル（Saint Michel：聖ミッシェル）——祝日は九月二九日

「カヴィスト（Cavistes：酒蔵係）」の守護聖人

サン・リュヴァン（Saint Luvin：聖リュヴァン）
——祝日は五月一四日

サン・ヴァンサン（Saint Vincent：聖ヴァンサン）
——祝日は一月二二日

「キュイジニエ（Cuisiniers：料理人）」の守護聖人

サン・フォリュテュナ（Saint Fortunat：聖フォリュテュナ）
——祝日は二月二四日

サン・ローラン・ド・ローム（Saint Laurent de Rome：聖ローラン・ド・ローム）
——祝日は八月一〇日、スイスは八月六日

サント・マルトゥ（Sainte Marthe：聖マルトゥ）
——祝日は七月二九日

「オブライユール（Oblayeurs：巻きせんべい職人）」の守護聖人

サン・トゥーリス（Saint Eurice：聖ウーリス）
——祝日は一一月二七日

サン・マケール・ル・ジュヌ（Saint Macaire le jeune：聖マケール・ル・ジュヌ）
——祝日は一月二日

「パティシエ（Pâtissiers：製菓人）」の守護聖人

サン・トゥーリス（Saint Eurice：聖ウーリス）——祝日は一一月二七日

サン・トノーレ（Saint Honoré：聖オノーレ）——祝日は五月一六日

サン・ローラン（Saint Laurent：聖ローラン）——祝日は八月一〇日

サン・ルイ（Saint Louis：聖ルイ）——祝日は八月二五日

サン・マケール・ル・ジュヌ（Saint Macaire le jeune：聖マケール・ル・ジュヌ）——祝日は一月二日

サン・ミッシェル（Saint Michel：聖ミッシェル）——祝日は九月二九日

サン・フィリップ・ラポートル（Saint Philippe l'apotre：聖フィリップ・ラポートル）——祝日は一一月一四日

「レストラン（Restaurants：料理屋）」の守護聖人

サン・ジュリアン・ロスピタリエ（Saint Julien l'Hospitalier：聖ジュリアン・ロスピタリエ）——祝日は六月三〇日

サン・ローラン（Saint Laurent：聖ローラン）——祝日は八月一〇日

サン・マルトゥ（Saint Marthe：聖マルトゥ）——祝日は七月二九日

「ロティスール（Rotisseures：焼肉職人）」の守護聖人

サン・ローラン・ド・ローム（Saint Laurent de Rome：聖ローラン・ド・ローム）

——祝日は八月一〇日、スイスは八月六日

サン・マケール・ル・ジュヌ（Saint Macaire le jeune：聖マケール・ル・ジュヌ）

——祝日は一月二日

「ソムリエ（Sommeliers：酒の給仕係り）」の守護聖人

サン・タルシトゥリクラン（Saint Architriclin：聖アルシトゥリクラン）——祝日は一月二二日

サン・ヴァンサン（Saint Vincent：聖ヴァンサン）——祝日は一月二二日

「タヴェルニエ（Taverniers：居酒屋経営者）」の守護聖人

サン・フィアクル（Saint Fiacre：聖フィアークル）——祝日は八月三〇日

サン・マルタン（Saint Martin：聖マルタン）——祝日は一一月一一日

サン・ヴァンサン・ド・サラゴス（Saint Vincent de Saragosse：聖ヴァンサン・ド・サラコス）

——祝日は一月二二日

「トレトゥール（Traiteurs：仕出し料理屋）」の守護聖人

サン・ローラン（Saint Laurent：聖ローラン）　――祝日は八月一〇日

サン・リュヴァン（Saint Luvin：聖リュヴァン）　――祝日は五月一四日

日本のお菓子の記念日

ヨーロッパには既述の如く、いろいろなお菓子とパンに関わる聖人とその祝日があるが、対する我が国は、歩んできた歴史や精神的なバックボーンも異なるため、ギルドのシステムやキリスト教に基づくそうした主旨の祝日や記念日は特には定められていない。ただ、いささか趣きはことなるが、さまざまなお菓子（パンを含む）やそれに関わる記念日となると、数多くのものがカレンダーを埋めている。ここではそうしたものを集め、以下にまとめてみた。

それぞれをアイウエオ順に列記したが、日々の新たな登録や認定もあり、洩れの多きについては、平にご容赦願いたい。なお、しかるべき機関に認められているもの、あるいはそうでないもの等さまざまあるが、ご批判甘受の上でそれらも含め一括して記してみた。

ア行

アイスクリームの日――五月九日

日本アイスクリーム協会の前身の東京アイスクリーム協会が、一九六四年に制定。アイスクリームが最も美味しく感じられる五月の連休開けのこの日を、より一層の消費拡大の願いを込めてそのように定めた。なお、「冬アイスの日」もあり一一月一五日となっているが、これについては同項参照。

浅田飴の日――九月六日

株式会社浅田飴が制定。同社が、風邪の流行るシーズンを前に、のどをクールに労わってもらうことを目的として、クールの語をもじって、同日と定めた。日本記念日協会が認定。

あられ・お煎餅の日――一一月七日近辺の立冬の日

全国米菓工業組合が一九八五年に制定。寒さも増して、新米のとれるこの時季に、〝コタツに入ってあられやお煎餅を楽しんでもらいたい〟との思いから、毎年立冬の日をその日と定めた。

あんぱんの日――四月四日

株式会社木村屋總本店が制定。日付けについては、明治八（一八七五）年のこの日に、あんぱんを明治天皇に献上したことにちなんだことによる。日本記念日協会が認定。

出雲ぜんざい（お汁粉）の日――一〇月三一日

出雲観光協会が制定。出雲地方では旧暦一〇月は神在月《かみありづき》と呼ばれ、その神在祭に振舞われる神在餅（じんざい餅）が訛り、ぜんざいの語源になったという。日付けについては、ぜんざいを一〇三一、すなわち「センサイ」と読む語呂合わせから。日本記念日協会が認定。

お菓子の日――毎月一五日

全国菓子工業組合連合会が制定。日付けについては、第一回帝国菓子飴大品評会が行われたのが明治四四年四月一五日であったことに加え、菓祖神とされるお菓子の神様を祀る和歌山県の橘本神社（田道間守が、お菓子の元といわれる橘の苗を大陸から持ち帰り、初めて植えたところ）と兵庫県の中嶋神社（田道間守の出身地）の例大祭が、ともに四月一五日に行われていたことによるもので、毎月一五日をお菓子の日と定めた。

お餅の日――一〇月一〇日

全国餅工業協同組合が制定。この日は一九六四年東京オリンピック開催日で、スポーツと健康を目的とした体育の日とされた祝日。そこで、スポーツと健康に関わり深いお餅こそがこの日に最もふさわしい食品と考え、同日をお餅の日と定めた。

カ行

かき氷の日――七月二五日

日本かき氷協会が制定。昭和八（一九三三）年七月二五日に、フェーン現象により、山形市において四〇・八度の最高気温が記録された。このことから、同協会がかき氷のかつての呼称である夏氷の語呂合わせとして、「な（七）つ（二）ご（五）おり」とし、同日をかき氷の日と定めた。

柿の種の日――一〇月一〇日

亀田製菓株式会社が制定。一九六六年に同社が発売したピーナッツ入りの柿の種が二〇一六年に五〇周年になることを記念するとともに、10の1が柿の種で、0がピーナッツに見えるところから柿の種の日と定めた。

カップケーキの日――一二月一五日（アメリカ）

アメリカでは一八二六年にカップケーキが料理本に登場。二〇〇〇年には『セックス・アンド・ザ・シティ』というテレビドラマの主人公がピンクのバタークリームをのせたカップケーキを食べるシーンがあり、それをきっかけとしてこの専門店が急増し、カップケーキの日が制定された。この日付けの由来については不詳。

菓子の日

「お菓子の日」の項参照

ガーナチョコレートの日――二月一日

株式会社ロッテが制定。日付けについては、同社がガーナチョコレートを発売したのが一九六四年二月一日であることから。

かりんとうの日――一一月一〇日

全国油菓工業協同組合が制定。日付けについては、一一を棒状のかりんとうとみなし、一〇を糖（とう）に当てた語呂合わせから。

キャラメルの日

キャラメルの日はないが、ミルクキャラメルの日はあり、六月一〇日となっている。同項参照。

キャンディーの日――三月一四日

全国飴菓子工業協同組合ホワイトデー委員会が一九七八年に制定。ヴァレンタインデーにいただいたチョコレートの返礼の日とされるこの日にキャンディーを、との販売促進から定められたという。

グミの日――四月三日

日本グミ協会の呼びかけによりグミサミットを開催し、四月三日とグミの発音の語呂合わせから、この日をグミの日と制定した。

栗きんとんの日――九月九日

栗きんとんの発祥の地とされる岐阜県中津川市が制定。重陽の節句とされる九月九日を祝うべく、古来よりこの日に栗きんとんを食べる習慣があったことから、この日をそのように定めた。また九月は新栗を用いた栗きんとんの発売を開始する時期であることによるともいう。

クレープの日――毎月九、一九、二九日

株式会社モンテールが制定。日付けについては、クレープのクが九に通じるところから。

クロワッサンの日――九月六日

冷凍食品店ピカール、築地銀だこ等数社が提唱。クロワッサンのクロが九六に通じるところからの語呂合わせによる発想。

ケーキの日――一月六日

明治一二（一八七九）年一月六日に、東京・日本橋区両国の米津凮月堂が当時の東京日日新聞に本邦初の洋菓子の広告を出したことによるという。

サ行

サブレーの日――三月二〇日

各種のサブレー類を製造販売する日清シスコ株式会社が制定。日付けについては、三月二〇日の数字をサ（三）・ブ（二）・レ（〇）と読む語呂合わせから。

サンドイッチの日――一一月三日、三月一三日

一一月三日については、サンドイッチ店の神戸サンド屋が制定。サンドイッチ生みの親のイギリスのサンドイッチ伯ジョン・モンタギューの誕生日が一一月三日であることに加え、一一月三日の数字をイイサンドと読んだ語呂合わせから。また三月一三日については、ふたつの三（サン）が一（イッチ）を挟んでいるところから。なお後者については、制定した団体や企業は特定されていない。

ジェラートの日――八月二七日

日本ジェラート協会が制定。日付けについては、ジェラートを食べるシーンが有名な名画『ローマの休日』が一九五三年八月二七日に公開されたことにちなんで。

シナモンロールの日（スウェーデン）――一〇月四日

シナモンロール発祥の地とされるスウェーデンで制定された記念日。日付けの理由については不詳。

シュークリームの日――毎月一九日

どこが制定しているわけではないが、巷間流布されている話では、シュークリームのシュークを一九にかけた語呂合わせからという。

十六団子の日――三月一六日

十六団子とは、ひな祭りやお彼岸とならぶ春の行事のひとつ。米の豊作を祈願する伝統行事で、同日に一六個の小さなお団子を供えるところから、このように呼ばれている。今日では〝じゅうろくだんご〟といっているが、かつては〝じゅうろうだんご〟と呼んでいた。古くより、神様が山から下りてくる三月一六日にその数のお団子を供えてきた。そして一一月一六日または地域によっては一〇月一六日に神様を山にお見送りし、その年の米作が終わりを告げる。

食パンの日──毎月一三日

福岡県の株式会社フランソワが制定。一三がトランプカードのキングであるところから、毎月の同日をパンの王様である食パンの日と定めた。日本記念日協会が認定。

ショートケーキの日──毎月二二日

カレンダー上では、毎月二二日の上が一五日となっている。このことから、イチゴ（一五）を上に戴くということで、すなわちショートケーキの日とされるに至った。

スコーンの日（オーストラリア）──五月三〇日

オーストラリアではこの日をスコーンの日と認知されている。詳細については不詳。

切腹最中の日──三月一四日

東京・新橋の和菓子店・新正堂《しんしょうどう》が制定。切腹最中とは、腹が割れた形の最中で、忠臣蔵で知られる、浅野内匠頭が吉良上野介への刃傷沙汰から切腹された日にちなんで付けられた名称。日本記念日協会が認定。

ゼリーの日――七月一四日

日本ゼラチン・コラーゲン工業組合が制定。気温の上がる盛夏のこの時季、口当たりのよいゼリーが最も美味しく感じられるために定められた。なお、同日は「ゼラチンの日」でもある（添加物の「ゼラチン」の項参照）。

煎餅の日――一一月七日

煎餅の日はないが、「あられ・お煎餅の日」はあり、立冬の日となっている。同項参照。

善哉（お汁粉）の日

善哉の日はないが、「出雲ぜんざいの日」はあり、一〇月三一日となっている。同項参照。

ソフトクリームの日――七月三日

日本ソフトクリーム協議会が制定。一九五一年七月三日に東京・明治神宮外苑で米軍主催の「アメリカ独立記念日」（七月四日）を祝う催しが行われた。その際にソフトクリームの模擬店が出され、日本で初めてコーンスタイルのソフトクリームが販売された。それを記念して同日をその日と定めた。

タ行

大福の日——二月九日

株式会社日本アクセスが制定。日付けについては、大福のフクを二九に当てた語呂合わせから。日本記念日協会が認定。

だがしの日——三月一二日

全国の駄菓子メーカーが集まって結成した「DAGASHIで世界を笑顔にする会」が制定。菓祖神とされる田道間守《たじまもり》を祀る和歌山県海南市の橋本神社の前山和範宮司の提唱により、田道間守の命日とされるこの日を駄菓子の日と定めた。駄菓子ではなく、だがしとしたのは、子供たちに分かりやすいようにとの、大人としての配慮からという。当日は同会主催により、ゲームなどで駄菓子がもらえる催事が行われている（第二章の「日本のお菓子の神様」の項参照）。日本記念日協会が認定。

チーズケーキの日——毎月五日

株式会社マルキタ星野笑店が制定。日付けについては、チーズを指す古代の乳製品の醍醐

（だいご）にかけた語呂合わせから。

チューインガムの日――六月一日

日本チューインガム協会が制定。平安時代から、元日と六月一日は「歯固めの日」とされ、堅いお餅を食べながら、家族の健康と長寿を願う習慣があった。当時から歯の根を固めることは長寿の秘訣とされていた。このことにちなみ、元日はさておき、六月一日をチューインガムの日と定めた。

中華まんの日――一月二五日

中華まんには肉（豚）まんの他にあんまんもあるため、ここではお菓子の一部として取り上げる。当日は日本の最低気温の日ゆえ、それにちなんで、こうした寒い日には中華まんを食べて温まっていただこうということから定められたという。なお、一一月一一日とした豚まん（肉まん）の日もある。これについては同項参照。

チョコチップクッキーの日（アメリカ）――五月二三日

世界規模でホテルを展開するダブルツリー・バイ・ヒルトンが制定。同ホテルではチェックインの折、温かい焼きたてクッキーを供するところから、そのおもてなしの心を伝える日として、そのように定めたという。日付けの由来については不詳。

チョコレートの日――二月一四日

日本チョコレート・ココア協会が制定。ヴァレンタインデーがチョコレートの最大の商戦であることに起因。なお、二月一日が「ガーナチョコレート」、二月八日が「和ちょこの日」、七月第三水曜日が「夏チョコの日」ともされている。各々についてはそれぞれの項参照。

手巻きロールケーキの日――毎月六日

「ロールケーキの日」としてはないが、「手巻きロールケーキの日」としては株式会社モンテールが制定。日付けについては、手巻きロールケーキの断面が6に見えることと、ロ(六)ールケーキの語呂合わせから。日本記念日協会が認定。

ドーナッツの日（アメリカ）――六月第一金曜日

アメリカ合衆国での記念日。第一次世界大戦で救世軍が兵士たちにドーナッツを提供したことを記念してのもの。救世軍が一九三八年から行っている同名の募金運動に起因する。日付けの由来については不詳。当日、同国では多くのドーナツ店でドーナツが無料で配られる。

ドラ焼きの日――四月四日

丸京製菓株式会社が制定。三月三日の桃の節句と五月五日の端午の節句に挟まれた四月四日を、カステラ生地とカステラ生地に挟まれた餡に見立て、女の子にも男の子にも愛されるドラ焼きの日ともじったもの。日本記念日協会が認定。

ナ行

夏チョコの日――七月第三月曜日

森永製菓株式会社が制定。日付けについては、本格的な夏の幕開けである七月の第三月曜日の「海の日」にちなんだもの。つまり同日は「夏チョコ開き」ということでそのように定めたという。日本記念日協会が認定。

のど飴の日――一一月一五日

カンロ株式会社が制定。二〇一一年に同社ののど飴発売三〇周年を迎えたことから、それを記念して定めたもの。日付けについては、最低気温が一気に下がり、ノドのケアが大切になることの時期に合わせての設定という。

ハ行

パイの日――三月一四日
日本パイ協会が制定。三・一四は円周率、すなわちπ（パイ）であることにちなんで、その数字からこの日をパイの日と定めた。

パフェの日――六月二八日
パフェの愛好家とパフェを扱う業界が制定。一九五〇（昭和二五）年の同日、巨人の藤本英雄投手がパーフェクトゲーム（完全試合）を成し遂げたことから、パーフェクトを意味するフランスのデザート菓子のパルフェ（parfait：英語でパフェ）となぞらえ、この日をパフェの日と定めた。

バウムクーヘンの日——三月四日

第一次世界大戦で捕虜となったドイツ人の製菓人のカール・ユーハイムが、一九一九年三月四日の広島での作品展示即売会において、日本で初めてバウムクーヘンを製作した。このことにより、同日をその日と定めた。

パンの日——四月一二日

パン食普及協議会が制定。一八四二（天保一二）年四月一二日に、伊豆の代官・江川太郎左衛門英龍が初めて兵糧パンを手がけたことに由来し、この日をパンの日と定めた。

パンケーキ（ホットケーキ）の日——毎月一〇日

日本ハム株式会社が制定。パンケーキを食べる時に用いるフォークを一に、丸いパンケーキを○に見立て、それを合わせた一〇の日をその日と定めた。日本記念日協会が認定。

ビスケットの日——二月二八日

全国ビスケット協会が制定。一八五五（安政）年のこの日、長崎でパンの製法を学んでいた柴田方庵が、同藩の萩信之助に『パン・ビスコイト製法書』を送った。これがビスケットの製法を記した本邦最初の書とされているところから、同日をその日と定めた。

豚まんの日――一一月一一日

11という数字が豚の鼻の穴の形に似ているところから、とされている。これとは別に「中華まんの日」があり、一月二五日となっている。これについては同項参照。

冬アイスの日――一一月一五日

日本アイスクリーム協会が制定。一一月は立冬を迎える月で、冬向けのアイスクリームが次々と登場してくる時期である。また、アイスクリームの成分規格が、乳固形分一五％以上と定められているところから、この一五という数字を日にちに定めた（アイスクリームの日については同項参照）。

フランスパンの日――一一月二八日

日本フランスパン友の会が制定。日付けについては、「いい（一一）フ（二）ランスパ（八）ン」と読む語呂合わせから。またこの日は同月の第三木曜日のボジョレ・ヌーボーの解禁日に近く、フランスパンを身近に感じられる時期であることもその理由のひとつとされている。

日本記念日協会が認定。

プリンの日——五月二五日

オハヨー乳業株式会社が制定。日付けについては、プリンを食べて〝にっこり（二五）〟してもらいたいとの思いからの語呂合わせによる。日本記念日協会が認定。

ポッキー&プリッツの日——一一月一一日

江崎グリコ株式会社が制定。ポッキーとプリッツはスティック形体の代表的なお菓子であり、その棒状の形が1のようだとして、このように定めた。1が並ぶ平成一年一一月一一日にその日がスタートした。

ホットケーキの日——毎月一〇日

「パンケーキの日」の項参照。

ポップコーンの日——九月九日

ジャパンフレトリー株式会社が制定。日付けについては、POPCORNのPOPを左右に反転させると909に見えるところから。日本記念日協会が認定。

ポテトチップスの日――八月二三日

株式会社湖池屋が制定。同社が一九六二年八月二三日にポテトチップスを発売し、二〇一二年に五〇周年を迎えたことを記念して、この日をそのように定めた。

マ行

マカロンの日――一〇月九日、春分の日（フランス）、夏至の日

一〇月九日については、全日本マカロン協会が制定。同日は二十四節季では寒露と呼ばれており、その寒露は甘露にも通じるところから、この日をそのように定めた。

春分の日及び夏至の日について。フランスでは春分の日をマカロンの日（jour de macaron）としている。これについては、マカロンブームと火付け役となったピエール・エルメが、医療と福祉のためのチャリティーイベントを自店で行ったことがきっかけとなり、そのチャリティーを行った春分の日をマカロンの日と定めた。なお、それにならって、日本では夏至である六月二一日をその日と定めた。理由については、春分の日の近辺では、大きな商戦であ

るホワイトデーに埋もれてしまうためとの由。

マシュマロの日――三月一四日

株式会社石村萬盛堂が制定。二月一四日のヴァレンタインデーの返礼の日としてのホワイトデー（三月一四日）に、マシュマロをとの提案から、同日をその日と定めた。

マドレーヌの日――七月第三月曜日

長野県小海町の「高原のパンやさん」が制定。日付けについては、海の日であるこの日に貝殻形をしたこのお菓子を食べてもらいたいとの想いからとか。

饅頭の日

単に饅頭の日としたものはないが、「中華まんの日」としたものが一月二五日に、「豚まんの日」としたものが一一月一一日に定められている。これらについてはそれぞれの項参照。

みたらし団子の日――毎月三日、四日、五日

山崎製パン株式会社が制定。日付けについては、「み（三）たらし（四）だんご（五）」の語

呂合わせから。

ミルクキャラメルの日――六月一〇日

森永製菓株式会社が制定。日付けについては、創業者の森永太一郎がミルクキャラメルを発売したのが一九一三（大正二）年のこの日であったことから。

餅の日

「お餅の日」を参照。

もなかの日――毎月一五日

発案者は詳らかではないが、月のまん中にあたる一五日が最中の日とされているところからと思われる。これとは別に「切腹最中の日」というものがある。これについては同項参照。

モンブランの日――六月第三日曜日

株式会社モンブランＫＯＢＥが制定。「母の愛は海より深く、父の恩は山より高く」の故事から、父の日にヨーロッパアルプスの名峰であるモンブランの名を冠するお菓子のモンブランを、父に贈る習慣として広めたいとの想いからという。日本記念日協会が認定。

ヤ行

羊羹の日――一〇月八日
和歌山県の有限会社紅葉屋本舗が制定。食欲の秋の一〇月と縁起のよい語の八福を組み合わせて定めたもの。また一〇と八で、〝いと（一〇）おいしいよう（八）かん〟との語呂合わせも兼ねているという。日本記念日協会が認定。

洋菓子の日――九月二九日
三重県洋菓子協会が制定。日付けについては、キリスト教における大天使ミカエル（サン・ミッシェル）が製菓人の守護聖人にして、その祝日が九月二九日であることによる。

ラ行

ロールケーキ

「手巻きロールケーキ」の項参照。

ワ行

和菓子の日――六月一六日

全国和菓子協会が制定。平安中期の承和《じょうわ》年間に疫病が蔓延したため、仁明天皇は嘉祥と改元。その元年（八四八年）の六月一六日に、一六個のお菓子や餅を神前に供えて健康と招福を祈願したことにちなんだもの。

和ちょこの日――二月八日

お茶の老舗の株式会社宇治園が制定。日付けについては、日本茶の生みの親にして煎茶の普及に尽力した永谷宗円の誕生日が延宝九（一六八一）年二月八日であることから。抹茶チョコレートなどの「和ちょこ」をさらに認識してもらうことを目的としたもの。日本記念日協会が認定。

ワッフルの日――一二月一日、毎月一日、三月二五日（スウェーデン）

一二月一日については、株式会社新保哲也アトリエが制定。ワッフルの日を「ワン（一）フル（二）のヒ（一）」と読ませる語呂合わせと、同社の営むワッフル店のRL（エール・エル）の一号店が一九九一（平成三）年一二月一日に開業したことから、そのように制定した由。日本記念日協会が認定。またそこから拡大解釈され、毎月一日をその日ともされるようになった。三月二五日については、家具等を扱うスウェーデンの企業のイケアが制定。同国ではその日はワッフルデイと呼ばれている。三月二五日は、聖母マリア受胎告知の日（一二月二五日のクリスマスの九ヶ月後）で、スウェーデン語ではVårfrudagen（ヴォーフルーダーゲン）という。この語がワッフルを表すヴォッフェルダーゲン（Våffeldagen）と似ているところから、自然と当日にワッフルがよく食べられるようになり、ワッフルの日と認識されるようになった。

一般常識として認知され、改めて記念日として制定されていないもの（季節順）

花びら餅　（お正月のお菓子）

ガレット・デ・ロワ（一月六日の主顕節のお菓子、近年は一月一日を除く最初の日曜日）
福豆（節分の豆）
ぼた餅（春のお彼岸のお菓子）
お萩（秋のお彼岸のお菓子）
桜餅（春のお菓子）
柏餅（五月五日のこどもの日のお菓子）
粽（五月五日のこどもの日のお菓子）
水羊羹（夏の定番のお菓子）
葛桜（夏の定番のお菓子）
月餅（仲秋の名月を愛でるお菓子）
千歳あめ（七五三のお菓子）
クリスマスケーキ（クリスマスを祝うケーキ）

ありそうでない記念日（アイウエオ順）

エクレアの日
カツサンドの日（「サンドイッチの日」はある）

キャラメルの日　（「ミルクキャラメルの日」はある）
クラブサンドの日
ズッコットの日
善哉の日　（「出雲善哉の日」はある）
タルトの日
団子の日　（「みたらし団子の日」、「十六団子の日」はある）
ドロップの日　（「キャンディーの日」はある）
練り切りの日
パネットーネの日
ハムサンドの日
プティフールの日
ぶどうパンの日　（「パンの日」、「フランスパンの日」はある）
ベーグルパンの日
マフィンの日
饅頭の日　（「中華まんの日」、「豚まんの日」はある）
マロングラッセの日

ミックスサンドの日
ミルフイユの日
メロンパンの日
ロールケーキの日　（「手巻きロールケーキの日」はある）

製菓原材料の記念日

お菓子作りには、いうまでもなくいろいろな原材料が用いられる。小麦粉や砂糖、卵、乳製品といった主要原料はもとより、フルーツ、ナッツ、野菜、お酒、香辛料、各種添加物等々、実に多彩なラインナップをもって組み立てられる。そしてそれらのすべてとはいわないまでも、多くのものにそれぞれの記念日が定められている。語呂合わせや商業目的等理由はさまざまだが、改めて見てみるに興味深いものも少なくない。それらのうちの主だったものをジャンル別にまとめ、以下に列記してみた。なお、飲料については括るべき項目がないため、補足として末尾に付記させていただいた。

また、掲載順はアイウエオ順ではなく、分かりやすさを優先させるべく列記した。

主要原料

［穀物編］

小麦粉の日――九月二三日

ポルトガル船が種子島に漂着したのが、一五四三年九月二三日で、その折鉄砲が伝わったとされているが、同時に小麦粉使用のパンも伝来したと思われる。よってこの日を小麦粉の日とするべく、製菓・製パン材料を扱う株式会社富澤商店が制定。日本記念日協会が認定。参考までに記すと、麦の日というのがあり、六月二四日となっている。次の「麦の日」を参照。

麦の日――六月二四日

これについては、実は穀物の麦ではなく、その日は昭和の偉大なる歌手・美空ひばりさんの忌日。本書の主旨とはいささか趣きを異にするが、「麦の日」と呼称されているゆえ、参考までにここに取り上げさせていただく。この時期、麦畑にたくさんのひばりが住み着くことから、彼女の忌日を麦の日というようになった。

そばの日――毎月晦日、一〇月八日

「そば粉の日」というのはないが、「そばの日」としては複数定められている。ひとつは毎月最終日で、理由については、かつて江戸の商人が、毎月の晦日になると縁起物としてそばを食べに来ていたことが由来となっているとしている。その他、一〇月八日もその日とされている。これについては、東京都麺類生活衛生協同組合が制定。新そばの時季にあたり、そばをＰＲする目的からそのように定めたという。

お米の日――八月八日、毎月八日、八のつくすべての日（一八日、二八日）

八月八日の他、毎月八日、あるいは八のつくすべての日とさまざまある。理由については、米という字を分解すると八十八となることの他、お米ができるまで八十八回もの手が掛かるということから、とされている。

米粉《こめこ》の日――四月四日

米粉を米の子、すなわち米の半分と解釈。米は八十八と書くことから、その半分の四十四をもじって、四月四日と定めた。

ありそうでない記念日

大麦の日
カラス麦の日
そば粉の日（「そばの日」はある）
コーンスターチの日

［卵編］

卵の日――六月九日、毎月五日、一一月五日、三月二一日、一〇月一二日

六月九日については、愛知県新城市の有限会社鈴木養鶏場が制定した。健康食品としての卵をもっと食すことによって、健康増進を図ってもらいたいとの願いからという、いわばPR目的からの制定。日付けについては、盛夏を前に卵を食べて鋭気を養ってもらいたいとの願いからと、卵という字の形が、69に似て見えるところから。

毎月五日については、日本養鶏協会を中心とする全国鶏卵消費促進協議会が制定。鶏卵の消費拡大を目的としたもので、日付けについては、〇五を「たまご」と読む語呂合わせから。その他、一一月五日は「いい卵の日」として、キャンペーンが打たれている。三月二一日については、同日は春分の日で、生命を宿す卵は、命が芽生える春分の日にふさわしいも

のとして定められたという。一〇月一二日については、コロンブスがアメリカ大陸を発見した日。コロンブスは卵の先端をつぶして立てたことで有名だが、それにちなんでつけられたもの。関連するものとしては、五月二三日が「たまご料理の日」、六月二日が「オムレツの日」、一一月五日が「オムライスの日」、第三木曜日がブランド卵として知られる「森のたまごの日」となっている。

いい卵の日——一一月五日

日本養鶏協会、日本卵業協会などの関係団体が合意して制定。日付けについては、「いい(一一)たまご(〇五)」と読む語呂合わせから。関連するものとしては、二月八日を「にわとりの日」とトリゼンフーズ株式会社が制定。「に(二)わ(八)とり」の語呂合わせから。また毎月二八日を同じく「にわとりの日」と日本養鶏協会など養鶏関係者が制定。日付けについては同様の語呂合わせから。

うずらの日——五月五日

「うずらの卵の日」ではなく「うずらの日」として日本養鶏協会が制定。養鶏業界の一層の振興発展と、うずらの卵のおいしさをより多くの人に知ってもらうことを目的としたもの。

日付けについては、五月は陰暦で鶉（ウズラ）月と呼ばれること。また戦国武将がうずらの鳴き声を「御吉兆《ごきっちょう》」と聴き取り、その縁起のよい声を聞いて出陣したとの言い伝えがあること。さらに、その鳴き声は明るい未来や希望を連想させ、男子の成長を願う端午の節句にふさわしいこと。加えて御吉兆を五吉兆と読み、五が重なる五月五日は吉兆が重なる日等々の理由から。日本記念日協会が認定。

ありそうでない記念日

全卵の日
卵黄の日
卵白の日
冷凍卵の日
有精卵の日
烏骨鶏の卵の日
うずらの卵の日　（「うずらの日」はある）

[甘味料編]

砂糖の日――三月一〇日

砂糖関係八団体（精糖工業会、日本製糖協会、日本ビート糖業協会、日本甘蔗糖工業会、日本分蜜糖工業会、日本砂糖輸出入協議会、全国砂糖代理店会、全国砂糖特約店協同組合連合会）が作っている〝お砂糖〟真〝時代〟推進協議会が制定。日付けについては、三月一〇日を「サ（三）トウ（一〇）」と読む語呂合わせから。

黒糖の日――五月一〇日

沖縄県とその生産地の町村、製糖会社などで作る「沖縄県含みつ糖対策協議会」が制定。日付けについては、五と一〇を黒糖とした語呂合わせから。

はちみつの日――八月三日

全日本蜂蜜協同組合と日本養蜂はちみつ協会が制定。日付けについては、「はち（八）みつ（三）」の語呂合わせから。ちなみに三月八日は「蜜蜂の日」とされている。

【乳製品編】

牛乳の日――六月一日

国連食糧農業機関が二〇〇一年に提唱したワールドミルクデー（World Milk Day）、すなわち世界牛乳の日が六月一日。ＧＤＰと略される酪農牛乳の国際組織もこれに賛同し、ミルクで乾杯している写真を世界中でインスタグラム等に投稿を呼びかけるなどして、この日を盛り上げるべく、各国に呼びかけている。

酪農及び乳業関係者で構成されている日本酪農乳業協会（現・一般社団法人Ｊミルク）も、こうしたことを踏まえて同日を牛乳の日と制定。日本記念日協会が認定。なお、Ｊミルクでは六月を牛乳月間として、各地でイベントを行い、牛乳の魅力をアピールする販促活動を実施している。

生クリームの日――九月六日

乳製品を製造販売する中沢フーズ（現・中沢乳業）が制定。生クリームの美味しさをもっと知ってもらうべく定めたもの。日付けについては、九と六でクリームを表すという語呂合わせから。

なお、同日は同じく九と六の組み合わせからモンデリーズ・ジャパン株式会社が「クロレッツの日」と制定。浅田飴も同日を「浅田飴の日」と制定（「浅田飴」の項参照）。その他、食品関係では、協同組合青森県黒にんにく協会により、「黒にんにくの日」とも制定されている（「黒にんにくの日」参照）。

おいしいバターの日――八月二一日

お菓子作りの器具や製菓材料を扱う東京の株式会社富澤商店が制定。日付けについては、一八七七（明治一〇）年八月二一日に東京上野公園で開かれた、第一回内国勧業博覧会にちなんでのもの。同博覧会において、犬力機と呼ばれた、犬の力を利用して作るバター製造機が出品され、それをもって多くの人がバターの存在を知るようになった。日本で最もバターの取扱量が多い小売店として、バターの持つおいしさやすばらしさをより多くの人に知ってもらうことが目的という。日本記念日協会が認定。

チーズの日――一一月一一日、六月一日

一一月一一日については、「日本輸入チーズ普及協会」と「チーズ普及協議会」という二つの団体が制定。前者は一九九〇年に設立されたもので、輸入チーズを取り扱う企業が集まって作った団体。後者は一九七三年設立で、チーズを始めとした乳製品を作っているメーカーが集まって設立した団体。一一月一一日の由来については以下のとおり。日本では古来より蘇《そ》という乳製品が口にされていた。これは中国からの伝来による、牛の乳を煮詰めたものので、ほんのりとした乳糖の甘味が感じられ、砂糖のない時代の甘味源にもなっていた。貴重であったため、天皇や高貴な人のみが口にできたという。蘇についての最古の記録は、太

陰暦で紀元七〇〇年一〇月に〝文武天皇が遣いを出して蘇を作らせた〟というもので、現在に置き換えると一一月になる。一一日については、月に合わせたもので、覚えやすくするために一一月一一日とした。

六月一日については以下の如くである。これは「写真の日制定委員会」が定めたもので、食品としてのチーズとは直接的な関わりはない。この委員会が写真の日を六月一日と定めた。理由については、日本で最初に写真撮影が行われたのが一八四一年六月一日であったことによる。このことからその日を写真の日と定め、また、写真を撮る際に、「はい、チーズ」とするため、六月一日をチーズの日とも定めたという。なお、後になって、実は日本最古の写真撮影は一八五七年九月一七日であることが判明したが、すでに制定済みだったため、写真の日は六月一日のままとし、チーズの日も同じく六月一日のままとなってしまった。

サワークリームの日——三月八日

中沢乳業株式会社が制定。サワークリームとは、同社が一九六〇年に開発したもので、生クリームを乳酸菌で発酵させて作る乳製品のこと。このことにより、生クリームはさわやかな酸味とコクを得ることができる。名前のサワーには「すっぱい」あるいは「酸味がある」の意味があるが、そうした乳酸菌による発酵生成に由来して名付けられたもの。日付けについては、「サ（三）ワー（八）」とする語呂合わせから。日本記念日協会が認定。

ヨーグルトの日——五月一五日

明治乳業株式会社（現・株式会社明治）が制定。日付けについては、ヨーグルトの研究に打ち込み、それが健康によいことを示したロシアの微生物学者のイリヤ・メチニコフ博士（一八四五〜一九一六）の誕生日が五月一五日であることから。メチニコフ博士は、ブルガリアに長寿の人が多いのは、彼らが好むヨーグルトに含まれる乳酸菌によることを突き止めた。また一九〇八年に免疫に関する研究により、ノーベル生理学・医学賞を受賞。個性が強く、少々変わった科学者であったため、「科学の魔王」のあだ名が付けられていた。

なお、ヨーグルトについては、各社において各種の製品の記念日が制定されている。それらについて以下に記す。

二連ヨーグルトの日——二月二日

森永乳業株式会社が制定。日付けについては、二と二が連なる日であることから。この時季はヨーグルトの需要が減少することから、販売促進の意味を込めてとのこと。日本記念日協会が認定。

脂肪〇%ヨーグルトの日――四月四日

脂肪〇%のヨーグルトの日本ルナ株式会社が制定。日付けについては、四月四日を「脂肪(四)〇%(〇)ヨ(四)ーグルト」に掛けた語呂合わせから。日本記念日協会が認定。

バニラヨーグルトの日――八月二四日

発酵乳や乳酸菌飲料の日本ルナ株式会社が制定。日付けについては、「バ(八)ニ(二)ラヨ(四)ーグルト」に掛けた語呂合わせから。日本記念日協会が認定。

ギリシャヨーグルトの日――九月一日

森永乳業株式会社が制定。日付けについては、日本初のギリシャヨーグルトである「濃密ギリシャヨーグルトパルテノ」を発売した日が二〇一一年九月一日であったことから。日本記念日協会が認定。

カスピ海ヨーグルトの日――一一月一八日

カスピ海ヨーグルトを日本に紹介した京都大学家森《やもり》幸男名誉教授とそれを製品化したフジッコ株式会社が制定。日付けについては、二〇〇六年のこの日、カスピ海ヨーグルトの純正種菌の頒布活動が一〇〇万人に達したことから。日本記念日協会が認定。

明治ヨーグルトR1の日——一二月一日

日付けについては、二〇〇九年一二月一日にこれが発売されたことから。R1とは「1073R-1乳酸菌」に由来し、Rは多糖体を多く産出する乳酸菌の特徴を表すROPYの頭文字を取ってつけられたものとのこと。強さを引き出す乳酸菌ということで、人々の健康を支える願いが込められているという。日本記念日協会が認定。

アロエヨーグルトの日——一二月一〇日

森永乳業株式会社が制定。日付けについては、同社が日本で初めてアロエの葉肉入りのヨーグルトを発売したのが一九九四年一二月一〇日であったことから。発売趣旨には体の内側からきれいに、との願いが込められているという。日本記念日協会が認定。

明治ブルガリアヨーグルトの日——一二月一七日

株式会社明治が制定。日付けについては、ヨーグルトの本場のブルガリアから認められた同社のこの製品が発売された日が一九七三年のこの日であったことから。日本記念日協会が認定。

ありそうでない記念日

バターの日（「おいしいバターの日」はある）

クレーム・ドゥーブルの日

練乳（加糖練乳）の日

粉乳の日

脱脂（粉）乳の日

［油脂類］

植物油の日――毎月一〇日

日本植物油協会が制定。元々は七月一〇日のみであったが、後に七月のみならず毎月一〇日をその日とした。日付けについては、七月一〇日の710を逆にするとOILと読めるため。

マーガリンの日――一〇月二四日

日本マーガリン工業会が制定。日付けについては、同日がマーガリンの生みの親であるフランス人のイポリット・メージュ＝ムーリエ（一八一七～一八八〇）の誕生日であることから。一八六九年、ナポレオン三世がフランスで不足していたバターの代替品を公募した。これに採用されたのが同氏によるアイデアで、牛脂に牛乳などを加えて固めたものであった。これが今日のマーガリンの原形となった。**Margarine** はギリシャ語で「真珠」を意味する **margarite** に由来する。製造中にできる油脂の粒が真珠の粒を思わせるところからの命名という。

飲むオリーブオイルの日――一〇月三日

クオリティライフ株式会社が制定。健康維持に効果があるという、トルコ共和国のエーゲ海沿岸産のオリーブオイルを、常温で飲むことを習慣化させるための由。「ト（一〇）ルコのエーゲ海にサン（三）サンと降り注ぐ太陽」から、その語呂合わせとして同日と定めたという。日本記念日協会が認定。

ありそうでない記念日

ショートニングの日

ココナッツオイルの日

パーム油の日
オリーブオイルの日（「飲むオリーブオイルの日」はある）
サラダオイルの日
綿実油の日
ゴマ油の日
大豆油の日
なたね油の日
カカオバターの日
ラードの日
ヘットの日

副材料

【果実編】
果実の日――毎月八日
まず果物なるものの定義だが、「食用になる果実」のことを指し、狭義には樹木になるものだけを果実という。よって、すいかやメロン、いちご、パイナップル等は、正確には果実に含まれない。ただし、国際的な認識ではこれらはフルーツとして捉えられているため、ここでは果実編に組み込ませていただく。また栗や銀杏といったナッツ類は木になるゆえ、正しくは果実類に分類されるが、これについても、通念上認識されている堅果（ナッツ）類として括らせていただくことにする。

さて、かくいう果実の日だが、一九九八年に全国柑橘宣伝協議会と落葉果実宣伝協議会によって毎月八日に制定された。理由については、八日という日と「おやつ」という言葉を語呂合わせしたことによるもの。すなわちおやつに果物を食べようとの意味を込めてのこと。

いいりんごの日——一一月五日

青森県が制定。日付けについては、一一を「いい」と読み、五はりんごの「ご」に通じる、というところからの語呂合わせによるもの。

長野県りんごの日——一一月二二日

ＪＡ全農長野が制定。日付けについては、長野市は全国二位のりんご生産量を誇るが、その主な生産品種は「ふじ」ゆえ、「イイ（一一）フジ（二二）」という語呂合わせから。日本記念日協会が認定。

さくらんぼの日――六月第三日曜日

さくらんぼの産地として知られる山形県寒河江市が、同地をさくらんぼ日本一の里に、とのＰＲのために制定。日付けについては、六月の第三日曜日あたりが、ちょうどさくらんぼ狩りの最盛期にあたるとして定めたもの。当日同地では、その種をどこまで吹き飛ばせるかを競うイベントなどが行われている。

山形さくらんぼの日――六月六日

前記とは別に山形さくらんぼの日というものがある。これについては、6の形がさくらんぼに似ているとして、六月六日に制定されたもの。ＪＡ全農山形及び山形県は出荷最盛期を迎えんとするさくらんぼをＰＲする日としている。そういえば、6と6の先をつなぐと、いかにも枝になった二つのさくらんぼに見えてくる。

オレンジの日――四月一四日

愛媛県の柑橘類生産農家が制定。理由については、オレンジの花言葉が「花嫁の喜び」であることからという。オレンジは花と実を同時につけることから、ヨーロッパでは〝愛と豊饒〟を表すものとして位置付けられ、その花は花嫁の頭を飾るコサージュに使われている。これにちなんで、二月一四日のヴァレンタインデー、三月一四日のホワイトデーに続く四月一四日を、オレンジやオレンジ色のものを贈る第三の愛の記念日とすべく仕立てたもの。

バナナの日――八月七日

日本バナナ輸入組合が制定。日付けについては、八と七でバナナと読ませる語呂合わせからのもの。果実の中で一番の輸入量を誇るバナナを、もっと食べて健康的に夏を乗り切ってもらいたいとの趣旨と、その消費拡大を願ってのこと。日本記念日協会が認定。

ぶどうの日――八月二三日

全国果実生産出荷安定協議会が制定。日付けについては、二三日の二三を房（フサ）と読む語呂合わせから。また秋を代表するこの果実も、この時期あたりから出荷が盛んになるとしてこのように定めたという。

長野県ぶどうの日——九月二三日

長野市に事務局を置く、全国農業協同組合連合会長野県本部が制定。二三日をフサにかけての語呂合わせについては前記と同様だが、九月については、長野産のぶどうの出荷のピークがこのあたりということで決められたという。日本記念日協会が認定。

柿の日——一〇月二六日

全国果樹研究連合会カキ部会が、柿の販売促進を目的として制定。日付けについては、明治初期の俳人・正岡子規が「柿食えば鐘が鳴るなり法隆寺」の句を詠んだ日が同日であり、それにちなんでのもの。またこの時季が柿の旬であることもあり、柿の販売促進の目的も含むという。日本記念日協会が認定。

キウイフルーツの日——九月一日

ニュージーランド産キウイフルーツの輸入及び製品管理、マーケティング活動等を行うゼウスプリインターナショナルジャパン株式会社が制定。キュー（九）イ（一）との語呂合わせからの発想。日本記念日協会が認定。なお、同社はヴァレンタインデーになぞらえて、五月一四日をゴールドキウイを贈る日として「ゴールドデー」に、九月一四日をそのお返しにグリーンキウイを贈る日として「グリーンデー」に制定している。

アボカドの日——毎月二四日

アボカドの中でも、メキシコ産のキャラボ（Calavo）という品種は最高級といわれ、その生産者はアメリカ・カリフォルニアのCalavo Growers, Inc.で、その創業は一九二四年という。その二四にちなんで、毎月二四日をアボカドの日と定めたという。

レモンの日——一〇月五日

同日は詩人の高村光太郎の詩が由来となっている。高村光太郎が智恵子の没後に著した詩集『智恵子抄』に、彼女が亡くなる数時間前にそれをかじる姿を詠った「レモン哀歌」があり、その智恵子が亡くなった日が一〇月五日であったことによる。

ブルーベリーの日——八月八日

ブルーベリーなどを素材としたサプリメントを手掛ける京都の株式会社わかさ生活が制定。日付けについてはBlueBerryのＢＢが８８に似ているところからと、この時季がブルーベリーの収穫期にあたることから。日本記念日協会が認定。

いちごの日――一月一五日、一月五日

全国いちご消費拡大協議会が制定。いい（一）いち（一）ご（五）と読む語呂合わせから。また、現在はハウス栽培等で一年中口にすることができるが、本来はこの時季からいちごの収穫が本格化するため、同日に定めたという。

なお、一月五日もいちごの日とされているが、こちらは食べるいちごではなく、一五歳という年齢を表したもので、高校受験を控えた同年齢の学生にエールを送る日とされている。

パパイヤの日――八月八日

アメリカのハワイにあるパパイヤ管理委員会日本事務所が一九七八年に制定。日付けについてはパ（八）パ（八）イヤという発音の語呂合わせから。

ドール・フィリピン産パパイヤの日――八月八日

株式会社ドールが制定。日付けについては前記と同様。日本記念日協会が認定。

マンゴーの日――七月一五日

沖縄県農林水産物販売促進協議会が制定。日付けについては、この頃が沖縄産マンゴーの収穫最盛期に当たることによる。

みやざきマンゴーの日――五月二五日

宮崎県果樹振興協議会亜熱帯果樹部会が制定。日付けについては、「マンゴー（〇五）ニッコリ（二五）」と読む語呂合わせに加え、この時季、同県産のマンゴーの出荷が最盛期となるところから。日本記念日協会が認定。

桃の日――三月三日

日本たばこ産業が三月三日の桃の節句にちなんで制定。同社は桃の天然水を発売したが、当初はあまり売れなかったという。後に「ヒューヒュー」というCM効果により爆発的なヒットとなった。そうしたことも制定するきっかけとなった由。

やまなし桃の日――七月一九日

山梨県果樹園芸会が制定。百をももと読むところから、一年で百の倍数にあたる二〇〇日目の同日を桃の日と定めた。またこの時季は同県産の桃の出荷時期に当たることにもよる。

梨の日――七月四日

鳥取県東郷町（現・湯梨浜町）の「東郷町二十世紀を大切にする町づくり委員会」が制定。日付けについては、七四をなしと読む語呂合わせから。

カシス（黒すぐり）の日――七月二三日

日本カシス協会が制定。この日が大暑となることが多いことから、体に良いとされる果実のカシスに関心を高めてもらうことを目的に、同日に定めたという。

愛知のいちじくの日――七月一九日、八月一九日、九月一九日、一〇月一九日

ＪＡあいち経済連が制定。日付けについては、同県産のイチジクが出回る七月～一〇月までの各月の一九日を「いち（一）じく（九）」と読む語呂合わせから。日本記念日協会が認定。

みかんの日――一一月三日、一二月三日、毎月第一日曜日

全国果実生産出荷安定協議会と農林水産省が制定。日付けについては、「いい（一一）みか（三日）ん」と読む語呂合わせからで、一一月と一二月の三日をその日とした。なぜ一二月もそうなのかについての詳細は不明。おそらくは出荷の最盛期に当たるからか。その他に

毎月第一日曜日もみかんの日とされている。

グレープフルーツの日――二月二六日

アメリカ・フロリダ州政府柑橘局（Florida Department of Citrus）が制定。日付けについては、二月あたりからフロリダ産のグレープフルーツが旬を迎えることと、「フ（二）ロ（六）リダ」に掛けての語呂合わせから。

プルーンの日――毎月二六日、九月二六日、一一月二六日

プルーンの生産や販売を手掛けているサンスウィート・インターナショナル日本支社が制定。毎月二六日という日付けについては「プ（二）ルーン（六）」に掛けた語呂合わせによるもの。日本記念日協会が認定。

また九月二六日については、八月の第一週目あるいは二週目から二週間ほどの間に、カリフォルニアではプルーンの収穫が行われるが、収穫終了後の二六日が九月二六日ゆえ、同日をプルーンの日と定めている。一一月二六日については、「いい（一一）プル（二六）ーン」の語呂合わせから。

いいプルーンの日——一一月二六日

毎月二六日がプルーンの日であることから、一一月も「いい（一一）プル（二六）ーン」の日と定められた。日本記念日協会が認定。

パイナップルの日——八月一七日

株式会社ドールが制定。日付けについては、「パ（八）イ（一）ナ（七）ップル」と読む語呂合わせから。日本記念日協会が認定。

メロンの日——毎月六日

全国のメロン産地が参加した「第二回全国メロンサミットinほこた開催実行委員会」（茨城県鉾田市）が制定。日付けについては、6という数字がメロンの形に似ていることと、六月がメロンの出荷量が多いことから、六にちなんで毎月六日をこの日と定めた。日本記念日協会が認定。

すいかの日——七月二七日

すいか生産者のグループが制定。日付けについては、すいかの表面の縞模様を綱に見立てて、「な（七）つのつ（二）な（七）」、すなわち夏の綱と語呂合わせしたもの。

デーツの日──一二月二日

オタフクソース株式会社が、製品の原材料として使用するデーツを、もっと認識してもらうことを目的として制定。日付けについては、December の頭の文字の D とツ（二）を組み合わせた語呂合わせから。日本記念日協会が認定。

ありそうでない記念日

りんごの日（「いいりんごの日」、「長野県りんごの日」はある）
フランボワーズ（ラズベリー）の日
トロピカルフルーツの日
アプリコット（杏）の日
イチジクの日（「愛知のいちじくの日」はある）
クランベリーの日
ブラックベリーの日
スターフルーツの日

パッションフルーツの日
グァバの日（七月八日の誕生花）
マンゴスチンの日
ドリアンの日
ライチの日
ざくろの日（六月二八日と一二月二八日の誕生花）
びわの日
干しぶどうの日

【ナッツ編】

ナッツの日――七月二二日
日本ナッツ協会が制定。日付けについては、夏バテ対策で夏にナッツと、「ナ（七）ッツ（二）」の語呂合わせから。

クルミの日――九月三〇日
クルミの生産量が日本一とされる長野県東御市《とうみし》などのクルミ愛好家が制定。日付けについては、「く（九）るみ（三）はまるい（〇）」の語呂合わせから。またこのあたりはくるみが出回る時期であることにもよる。

アーモンドの日――一月二三日

カリフォルニア・アーモンド協会が制定。日付けについては、日本人の成人女性の一日の美容に必要なビタミンEが、アーモンドに換算して約二三粒であることから、一日二三粒をもじってとのこと。日本記念日協会が認定。

ピーナッツの日――一一月一一日

全国落花生協会が制定。ピーナッツはひとつの殻に二粒並んで入っていることから、一を並べたこの日に定められた。またこの時期はピーナッツが出荷され始める頃ということも含んでいる。

ココナッツの日――五月七日

キリン・トロピカーナ株式会社が制定。日付けについては、「ココ（五）ナ（七）ッツ」に掛けた語呂合わせから。日本記念日協会が認定。

カカオの日——七月九日

詳細は不明だが、この日はカカオの日とされている。

小豆の日——毎月一日

小豆製品を多く扱う井村屋株式会社が制定。日付けについては、かつて毎月一日と一五日に小豆ご飯を食べる習慣があり、それにちなんだもの。月の満ち欠けからきたもので、一日は月が満ち始める新月、一五日はそれが満ちて満月となることを祝って、小豆を使ったお赤飯を炊いたことに由来し、毎月一日をその日と定めたという。

大豆の日——二月三日、一一月二〇日

大豆商品を扱うニチモウ株式会社が制定。日付けについては、二月三日頃が節分になることが多いことから、邪気を払い歳の数だけ豆を食べるなどの習慣にちなんでこの日に定めたもの。また一一月二〇日については、株式会社マルヤナギ小倉屋と株式会社だいずデイズが制定。日付けについては、「いい（一一）はつか（二〇日）」を〝いい発芽〟と読んでの語呂合わせからのもの。ともに日本記念日協会が認定。

ゴマの日――一一月五日

全国胡麻加工組合が制定。日付けについては、「いい（一一）ご（五）ま」に掛けた語呂合わせから。また、体に良いとされる胡麻の販売促進と、胡麻を使った定番メニューのほうれん草の胡麻和えに使う、そのほうれん草の旬の時季でもあることから、この日に定められた。

ありそうでない記念日

ヘーゼルナッツの日
ピスタチオの日
カシューナッツの日
マカダミアナッツの日
ペカンナッツの日
松の実の日
マロン（栗）の日
ブラジルナッツの日
銀杏の日
芥子の実の日

ひまわりの種の日（「ひまわりの種の日」というのはないが、「父の日にひまわりの種をプレゼントを」との呼び掛けがなされている。六月はひまわりの種まきにとってはベストシーズンであるとともに、この日（父の日）のプレゼントで、夏休みの自由研究にも役立てようとの思いもある由）

［野菜編］

かぼちゃの日——冬至

特に「かぼちゃの日」としては定められていないが、通念として、一二月二〇日前後の冬至の日に冬至かぼちゃとして食される。二十四節気《にじゅうしせっき》は日付けが移動するため冬至の日にちも変わるが、その寒さの中、長期保存の効くかぼちゃを食べ、野菜の不足する冬の時期を乗り切ろうということでこの習慣が始まった。

さつまいもの日——一〇月一三日

さつまいもの名産地である「川越いも友の会」が制定。日付けについては、一〇月はさつまいもの旬の時季でもあり、また一三日については、江戸から川越までの距離がおよそ一三里で、しかも「栗（九里）より（四里）うまい一三里」と詠われていたことから、一三日とされた。さらには痩せた土地でも育つとか台風にも強いなど、さつまいもは一三の特徴を持つといわれていることなどもその理由に挙げられている。

ジャガイモの日（ペルー）――五月三〇日

ジャガイモ発祥の地・ペルーにおける「全国ジャガイモの日」が五月三〇日とされている。一九六〇年にはペルー人ひとりあたり一二〇kgあった消費量が、一九九〇年には三五kgまで減少した。危機感を抱いたAders Perú（ペルー持続可能な開発協会）が、ジャガイモの価値を再評価しようと、この日の制定を進言し、消費キャンペーンを展開。近年では約八九kgまで回復したという。

芋の日――一一月一六日

沖縄の読谷村がこの日を芋の日と制定。芋が沖縄に入っておよそ四〇〇年が経つが、芋は同県の人々にとって大切なもので、一一月はその旬の頃に当たる。特に読谷村の紅芋からはさまざまなお菓子が生まれている。よってこの日が定められたが、日付けについては、「いい（一一）一六（いも）」にかけた語呂合わせによるもの。

にんじんの日――二月三日

沖縄県内でにんじんの最大産地であるイトマン市が制定。日付については、漢字の人参を人(二)参(三)に掛けて、二月三日としたもの。

裏にんじんの日――三月二日

二月三日のにんじんの日の裏返しということで、この日に定められた。にんじんの日とした二月三日から三月二日までの間の約一ヶ月間に、にんじんの消費拡大を目的としたさまざまなキャンペーンが打たれている。

いいにんじんの日――一月一二日

高麗人参を手掛ける株式会社韓国人参公社ジャパンが制定。日付けについては、「い(一)い(一)に(二)んじん」に掛けた語呂合わせと、二〇一二年の一月一二日に同社の設立記念パーティーが開催されたことによる。日本記念日協会が認定。

冬にんじんの日――一一月二四日

カゴメ株式会社が制定。日付けについては、冬人参の旬が一一月であることに加え、「に

(二)んじ(四)ん」に掛けた語呂合わせによるもの。日本記念日協会が認定。

トマトの日——一〇月一〇日

全国トマト工業会が制定。日付けについては、「ト(一〇)マト(一〇)」に掛けた語呂合わせによるもの。日本記念日協会が認定。

愛知の新たまねぎの日——四月一〇日

ＪＡあいち経済連が制定。日付けについては、「よい(四一)たま(〇)ねぎ」に掛けた語呂合わせによるもの。日本記念日協会が認定。

ねぎの日——一一月一一日

この日を「ねぎの日」としているとの書も見られるが、詳細は不明。察するに1が並ぶ様をねぎに見立ててのことか。

下仁田ねぎの日——一二月一日

群馬県の下仁田ファーム・下仁田葱の会が制定。日付けについては、この日が下仁田ねぎの出荷解禁日であることから。日本記念日協会が認定。

小ねぎ記念日――一一月二三日

福岡、大分、佐賀、高知、宮城の各県の全国農業協同組合連合会の県本部で作る「小ねぎ主産県協議会」が制定。日付けについては、同日が勤労感謝の日であることから「ねぎらいの日」とし、そのねぎらいに葱を掛けた語呂合わせから。また一一月の下旬は小ねぎの生産量も増え、なべものなどによる需要も増大することから、この日に定めたという。

国産小ねぎ消費拡大の日――毎月二三日

福岡、大分、佐賀、高知、宮城の各県の全国農業共同組合連合会の県本部で作る「小ねぎ主産県協議会」が制定。日付けについては、「小ねぎ記念日」が一一月二三日ゆえ、その二三日を毎月にしたという。日本記念日協会が認定。

いいきゅうりの日――四月を除く毎月一九日

全国のきゅうりの出荷団体で結成された「いいきゅうりの日プロジェクト」が制定。日付けについては、「いい（一）きゅう（九）り」に掛けた語呂合わせによるもの。なお、四月一九日はＪＡあいち経済連の「西三河冬春きゅうり部会」が「良いきゅうりの日」を制定していることから四月は外している。日本記念日協会が認定。

良いきゅうりの日――四月一九日

ＪＡあいち経済連の「西三河冬春きゅうり部会」が制定。日付けについては「よ（四）い（一）きゅう（九）り」に掛けた語呂合わせによるもの。日本記念日協会が認定。

良いピーマンの日――四月九日

茨城、高知、鹿児島、宮崎の四県のＪＡグループで組織する「がんばる国産ピーマンプロジェクト」が制定。日付けについては、Ｐと9の形がにているところから、「よ（四）いＰ（9）マン」と、「四県のＰ（9）マン」に掛けた語呂合わせから。また四月からその出荷量も増えるところからの制定という。

なすび記念日――四月一七日

高知、福岡、熊本、岡山、佐賀、徳島という冬春なすの主産六県で構成される「冬春なす主産県協議会」が制定。日付けについては、「よ（四）い（一）な（七）す」を掛けた語呂合わせからと、茄子が好物であった徳川家康の命日にちなんでのもの。日本記念日協会が認定。

国産茄子消費拡大の日――毎月一七日

同上の六県で構成する「冬春なす主産県協議会」が制定。四月一七日の「なすび記念日」とともに、消費増大を目的として毎月一七日をその日とした。日付けについては前記の「なすび記念日」と同様。日本記念日協会が認定。

水なすの日――五月二〇日、三月二七日

大阪府漬物事業協同組合が制定。五月二〇日については、この時季から夏に向けて水なすが美味しくなることから、更なる消費拡大を目的に、この日に定められた。日本記念日協会が認定。

なお、三月二七日も「水なすの日」とされている。こちらについては、「み（三）ず（二）な（七）す」に掛けての語呂合わせから。

キャベツの日、嬬恋高原キャベツの日――八月二日

キャベツを縦に二個重ねると8の字に見えるところからと、「きゃベツー（二）」に掛けた

もの。キャベツの主産地である群馬県の嬬恋高原では、ＪＡ嬬恋村が「嬬恋高原キャベツの日」として、消費拡大を目的にさまざまなイベントを行っている。

練馬産キャベツの日――一一月一六日

練馬区はキャベツの生産量が都内一で、同区の農地の四割がキャベツ畑となっている。日付けについての詳細は不詳。

きのこの日――一〇月一五日

日本特用林産振興会が制定。日付けについては、一〇月は各種の秋料理等により、きのこの需要が高まる月で、この月の中間の一五日に落ち着いたという。

マッシュルームの日――八月一一日

マッシュルーム販売の専門店の株式会社ワキュウトレーディングが制定。日付けについては、日本で初めてマッシュルームの栽培に成功し、きのこ栽培の父とされている森本彦三郎氏の誕生日が明治一九年（一八八六年）八月一一日であり、その日にちなんでとのこと。日本記念日協会が認定。

にんにく（ガーリック）の日――二月二九日

にんにく等の健康補助食品の通信販売で知られる株式会社健康家族が制定。日付けについては、「に（二）んに（二）く（九）」に掛けた語呂合わせから。日本記念日協会が認定。

黒にんにくの日――九月六日

青森県おいらせ町の協同組合青森県黒にんにく協会が制定。日付けについては、黒と九六を掛けた語呂合わせから。日本記念日協会が認定。

ありそうでない記念日

かぼちゃの日

ほうれん草の日

たまねぎの日（「愛知の新たまねぎの日」はある）

きゅうりの日（「いいきゅうりの日」、「良いきゅうりの日」はある）

ピーマンの日（「良いピーマンの日」はある）

【酒類編】

ワインの日――毎月二〇日

日本ソムリエ協会が制定。日付けについては、フランス語でワイン（vin）と二〇（Vingt）が、両方ともヴァンと発音することから。

なお、各地にさまざまなワインの日がある。以下に記す。

塩尻ワインの日――毎月二〇日

塩尻市観光協会や塩尻市ワイン組合などが集まる地域ブランド推進活動協議会が制定。日付けの理由については「ワインの日」と同じ。

南アフリカワインの日――二月二日

「食のマーケティングカンパニー」の国分グループが、同地のワインのＰＲを目的に制定。日付け理由については不詳。

チリワインの日（チリ）――九月四日

チリ大統領のミシェル・バチュレが制定。一五四五年九月四日に、スペイン探検家ペドロ・デ・バルディビアがローマ皇帝カール五世宛てに、チリでワインを造るためにぶどうの木とワインを送るよう依頼したことにちなんだもの。

スペインワインの日――九月八日

スペインワイン協会が制定。同国でワイン法が定められた日が、一九三二年九月八日であったことに由来。

イタリアワインの日――六月二日

イタリア大使館とイタリア貿易振興会が制定。日付けについては、当日はイタリアでは共和国建国記念日として、国を挙げて祝われる日であり、それに合わせたもの。日本記念日協会が認定。

ドイツワインの日――四月二八日

日本ドイツワイン協会連合会が制定。日付けについては、German Wine と Golden Week の頭文字が同じＧＷであることから、ゴールデンウイークに入る前日をこの日と定めたという。

ブルガリアワインの日――二月一四日

ブルガリアにおいて同日は、ぶどうの守護聖人・トリフォンの日（トリフォン・サレザン）となっていることから、その日に制定。サレザンは〝切る〟を意味し、この日は春の到来とぶどうの豊作を願って、その歳の最初の剪定をするセレモニーが行われる。

国のワインを飲む日（National Drink Wine Day・アメリカ）――二月一八日

アメリカで行われているもので、ワイン愛好家を増やし、ワインの持つ効用を広める日。

その他、ホットワインの日（Multed Wine Day）（三月三日）、ソーヴィニョンブランの日（四月二四日）、ロゼの日（八月一四日、毎月〇の付く日・一〇日、二〇日、三〇日）、カベルネソーヴィニョンの日（八月三一日）、シャルドネの日（五月二六日）、マルベックの日（Malbec World Day）・アルゼンチン（四月一七日）、メルローの日（一一月七日）等々、各国各地あるいはぶどうの品種等によるさまざまなワインの日がある。

ビールの日、地ビール（クラフトビール）の日――四月二三日

日本地ビール協会が中心となって作った「地ビールの日先行委員会」が制定。一五一六年の同日、ドイツバイエルン国王・ウィルヘルム四世発令の「ビール純粋令」により、ビール

の醸造に使用できるのは、水、ホップ、大麦と小麦の麦芽、酵母のみとビールの定義が明確にされた。以上の事由から一九九五年よりこの日はドイツにおいて「ビールの日」と定められている。

日本酒の日――一〇月一日

日本酒造組合中央会が制定。日付けについては以下の如くである。、各月の干支でいうと一〇月は酉で、この酉という字はそもそも酒壷やお酒そのものを意味する語であること。またこの頃は酒造りが始まる時期でもあることから、このように定められた。

ウィスキーの日（英・米・豪）――五月二一日

同日はワールド・ウィスキーデーとされ、イギリス、アメリカ、オーストラリアではそれにまつわるイベントが開催されている。ただ日本を含めた他の国や地域では、そうしたことは行われていない。同日にされた理由については不詳。なお、サントリーのシングルモルトウィスキー・山崎が生まれたのは、一九八四年三月一四日となっているが、特にその日に合わせた催し等は、今のところは行われていない。

焼酎の日――一一月一日

日本酒造組合中央会が制定。毎年八月から九月頃に掛けて仕込まれた新種が出回るのが、一一月一日頃であることからこのように定められた。なお、焼酎は蒸留法の違いから甲種と乙種に分けられるが、この分け方が等級による区別と誤解されるため、原料の風味を活かした乙種を本格焼酎と呼んでいる。

ジンの日（世界各国）――六月第二土曜日

同月の第二土曜日は、ワールドジンデーと名付けられ、世界中がジンを楽しむ日とされている。この日に定められた詳細については不詳。日本ジン協会もこの日に併せてジン・シンポジウムなどを開催している。

ウオッカの日（ロシア）――一月三一日

ウオッカの本場であるロシアではこの日をウオッカの日と定めている。日付けについては、以下の如くといわれている。メンデレーエフというロシアの著名な科学者が、ウオッカに最適のアルコール度数は四〇度であることを突き止め、その論文を提出したが、それがこの日であるという。

テキーラの日――七月二四日

アメリカが最初にNational Tequila Dayを制定し、メキシコ大使館商務部が二〇一七年に制定。テキーラはリュウゼツランから作られるが、二〇〇六年七月二四日に「テキーラ製造の古い産業施設群とリュウゼツランの景観」がユネスコにより世界文化遺産に登録されたことを記念し、同日をその日と定めたという。

カクテルの日（アメリカ）――五月一三日

一八〇六年五月六日、ニューヨークの「バランス・アンド・コロンビア・リポジトリ」（The Balance and Columbian repository）という週刊新聞に初めてカクテルという言葉が掲載された。読者からの問い合わせに、その翌週の五月一三日号にカクテルなるものの定義が文書化された。これを記念してアメリカでは同日を「カクテルの日」と定めた。

ありそうでない記念日

シャンパンの日

ブランデーの日

キルシュヴァッサーの日

ラム（酒）の日

リキュールの日

【飲料編】（アルコール飲料は酒類編参照）

コーヒーの日、国際コーヒーの日――一〇月一日

全日本コーヒー協会が制定。日付けについては、国際協定により定められた〝コーヒー年度〟の始まりの日が一〇月一日であること、及びこの頃コーヒー豆の収穫が終わり、次年度のコーヒー作りが始まる時期であること、加えてコーヒーの需要が高まる時季でもあることによる。またこの日は国際コーヒーの日でもある。この飲料の更なる普及を促し、その祝典を行う記念日であり、世界各地でさまざまなイベントが行われている。

インスタントコーヒーの日――八月一一日

森永製菓株式会社がインスタントコーヒーを日本で初めて発売した日が一九六〇年八月一一日であったことから同日がその日と定められた。ちなみに世界では、一七七一年にイギリスで水に溶かすインスタントコーヒーが発明されたが、保存可能期間が短く発展しなかったという。その後一九〇六年にアメリカでジョージ・コンスタント・ルイス・ワシントンが

その製法特許を取得し製品化に成功した。


お茶の日、日本茶の日――一〇月三一日、一〇月一日、一一月一日
一一九一年(建久二年)の一〇月三一日、臨済宗を開いた栄西が宋より帰国。その際茶の種子と茶の製法を持ち帰った。このことにより茶を飲む習慣が日本に根付いた。そうした古事に倣って、一〇月三一日を日本茶の日と定めた。

また一〇月一日については、伊藤園が制定。日付けについては、豊臣秀吉が身分の隔てなく参加できる「北野大茶湯《きたのおおちゃのゆ》」を開いた日で、上記と同じく日本茶の日とされている。

また静岡市が独自に一一月一日をお茶の日と定めている。

なお、お茶の記念日についてはこの他に、抹茶の日(二月六日)、川根茶の日(四月二一日)、緑茶の日(五月一日または二日・立春から五八日目の八十八夜)、緑茶週間(四月二九日~五月五日)、麦茶の日(六月一日)、中国茶の日(七月八日)、マテ茶の日(九月一日)、紅茶の日(一一月一日・後述)、玄米茶の日(一一月一日)、お茶一杯の日(一一月二三日)等々がある。

紅茶の日――一一月一日
日本紅茶協会が制定。日付けについては、日本人が初めて紅茶を飲んだ日が一七九一年

一一月一日であったことから。伊勢国の大黒屋光太夫《だいこくやこうだゆう》が海難に遭いロシアに漂着。皇帝エカチェリーナ二世に謁見し、その折、初めて欧風の紅茶を口にしたという。

水の日――八月一日

水循環基本法により、毎年八月一日は国民の間に広く健全な水循環の重要性についての理解や関心を深める日として「水の日」と定められた。

飲み水の日――六月六日

東京都薬剤師会が制定。日付けについては、六月五日の世界環境デーの翌日と定めた。同会は「薬以外でも健康にかかわりがあることに貢献するのが薬剤師の仕事」として、東京都の飲み水の約七割を担っている利根川の水質検査等を行っている。なお、この他水にかかわる日としては、「国連水の日」（三月二二日）、「清水寺・みずの日」（四月三日）、「ゴクゴクの日」（五月九日）、「水の日」（八月一日・前述）となっている。

炭酸水の日――四月八日

サッポロ飲料株式会社が制定。日付けについては、炭酸水の飲み口が「シュ（四）ワ

（八）ッ」とするところからの語呂合わせ。

コカコーラ見参の日――一〇月一五日

一九四九年のこの日、来日していたサンフランシスコ・ジャイアンツが後楽園球場で巨人と対戦。この時初めて球場内でコカコーラが販売された。よって同日をその日と制定。なお、輸入が自由化されたのは、それから一二年後の一九六一年になってからのこと。

三ツ矢サイダーの日・三ツ矢の日――三月二八日

三ツ矢サイダーを製造販売するアサヒ飲料が制定。日付けについては、「み（三）つ（二）や（八）」に掛けた語呂合わせから。日本記念日協会が認定。

ミックスジュースの日――三月九日

大阪のコーヒーストアを経営する「おおきにコーヒー株式会社」が制定。日付けについては、「ミ（三）ック（九）ス」に掛けた語呂合わせから。日本記念日協会が認定。

缶ジュース発売記念日――四月二八日

明治製菓株式会社（現・株式会社明治）が制定。一九五四年四月二八日に同社が日本で初めての缶ジュース「明治オレンジジュース」を発売したことにちなみ、その日をこのように定めた。

スープの日（スープについては入れる項目がないため、ここに付記する）――一二月二二日

日本スープ協会が制定。口付けについては、温かいスープを美味しく感じる冬にちなんで、「いつ（一二）もフーフー（二二）」に掛けた語呂合わせから。

ありそうでない記念日

ミネラルウォーターの日
ジュースの日（「缶ジュース発売記念日」はある）
オレンジジュースの日
フルーツジュースの日
トロピカルフルーツジュースの日
野菜（ベジタブル）ジュースの日

トマトジュースの日（「トマトの日」はある）
コンソメスープの日
ポタージュスープの日

【香辛料編】

スパイスの日――毎月一一日

ケンタッキーフライドチキンが制定。日付けについては、創業者のカーネル・サンダースの秘伝のスパイスの数が一一であることから。

バニラの日――八月二〇日、六月一日（タイ）

同日がその日とされているが、詳細は不明。察するに「バ（八）ニ（二）ラ（〇）」に掛けた語呂合わせからか。またバニラの産地のひとつであるタイでは、一部のバニラファンが六月一日をバニラ記念日とし、バニラを食して祝っている。

ミントの日――三月一〇日

クラシエホールディングス株式会社が制定。日付けについては、「ミ（三）ント（一〇）」

に掛けた語呂合わせから。日本記念日協会が認定。

ハーブの日――八月二二日

ハーブ使用の化粧品を販売している株式会社コスメハーブと、生ハーブ・ハーブ関連商品の製造・販売を行うエスビー食品株式会社が制定。日付けについては、「ハ（八）ーブ（二）」に掛けた語呂合わせから。日本記念日協会が認定。

パクチー（コリアンダー）の日――八月九日

「コリアンダーの日」としては定められていないが、タイ語での名称のパクチーの日としては八月九日と定められている。日付けについては、「パ（八）ク（九）チー」に掛けた語呂合わせから。全日本パクチー協会が主体となって、イベントを行っている。

生姜（ジンジャー）の日――六月一五日

「ジンジャーの日」としてはないが、「生姜の日」は、株式会社永谷園が制定。日付けについては、以下の如くである。この日、金沢市にある、生姜の神様を祀る波自加彌神社で「はじかみ大祭」と呼ばれる生姜祭りが行われる。はじかみとは生姜の古い呼称で、かつて神への供え物として生姜を献上していたことがその由来という。その祭りに合わせ、その日を生姜の日に定めた。

唐辛子の日――一〇月四日、毎月一〇日

一〇月四日については、「とう（一〇）がらし（四）」に掛けた語呂合わせによるもの。この他に毎月一〇日が「唐辛子の日」とされているが、詳細は不詳。

わさびの日――父の日（六月第三日曜日）

静岡県山葵《わさび》組合連合会が制定。平成一二年から「父の日に山葵を贈ろう」というキャンペーンを実施。夏バテ防止に山葵が効果的というところから、夏バテ気味の世のお父さんを励ますことが目的とか。

塩の日（塩は香辛料ではないが、括るべき項目がないため、ここに付記する）――一月一一日

一五六九年（永禄一二年）、宿敵武田信玄と戦っていた上杉謙信が、武田方が今川氏によって塩を絶たれ困窮していることを知り、この日越後の塩を武田側へ贈ったといわれている。よって〝敵に塩を送る〟の語源とされるこの日が塩の日と定められた。

ありそうでない記念日

香（辛）料の日　（「無香料の日」はあり、六月五日とされている。お菓子や食品とは関係がないが、無添加石鹸のシャボン玉石けん株式会社が制定。日付けについては、「む（六）こう（五）りょう」に掛けた語呂合わせから）

アニスの日

フェンネルの日（六月二九日の花で、花言葉は「賞賛、背伸びした恋、精神の強さ」等）

キャラウェイシードの日

エストラゴンの日

タイムの日

サフランの日

ローリエ（月桂樹）の日（六月二一日の花で、月桂樹全般の花言葉は「栄光、勝利、栄誉」。また月桂樹の花の花言葉は「裏切り」となっている）

カルダモンの日

ナツメグの日

シナモンの日（「シナモンロールの日」はあるが、これについては「日本のお菓子の記念日」の項参照）

クローブ（丁子《ちょうじ》）の日

オールスパイスの日
胡椒の日
ジンジャーの日（「生姜の日」はある）
コリアンダーの日（「パクチーの日」はある）
ガーリックの日（「にんにくの日」、「黒にんにくの日」はある）
カイエンヌペッパーの日
マスタードの日

［添加物編］
酵母（イースト）の日――一一月五日、四月一五日
「イーストの日」としては定められていないが、「酵母の日」としては、それを扱う株式会社日健協サービスが制定。日付けについては、「い（一）い（一）こ（五）うぼ」に掛けた語呂合わせから。日本記念日協会が認定。なお同社は四月一五日も同様の制定をしている。これについても、「よ（四）い（一）こ（五）うぼ」に掛けた語呂合わせから。

ゼラチンの日、ゼラチン記念日——七月一四日

ゼラチンの日としては、日本ゼラチン・コラーゲン工業組合が制定。日付けについては、ゼラチンはフランス菓子やフランス料理によく使われることから、フランス革命記念日であるこの日に定めたという。日本記念日協会が認定。なおゼラチン記念日としては日本ゼラチン工業組合が制定。日付けについてはゼラチンの日と同様。

寒天の日——二月一六日

角寒天《かくかんてん》の産地・長野県の茅野商工会議所と長野県寒天水産加工業協同組合が制定。日付けについては、二〇〇五年のこの日、ＮＨＫの「ためしてガッテン」において、寒天が健康食品として紹介され、大ブレイクしたことを記念してのものという。日本記念日協会が認定。

ありそうでない記念日

添加物の日

ベーキングパウダーの日

イーストの日（「酵母の日」はある）

ペクチンの日

補足――人生における記念日とお菓子

人生儀礼	
安産祈願	特にない
出産祝い	デコレーションケーキ、紅白饅頭、紅白すあま、紅白砂糖、靴型砂糖菓子
初誕生日祝い・誕生日	バースデーケーキ
洗礼式	ドラジェ
お七夜・命名式	お赤飯
お喰い初め	お餅
七五三	千歳飴
聖体拝領	ドラジェ
髪上げ祝い	お赤飯、紅白饅頭、紅白すあま
元服祝い	お赤飯、紅白饅頭、紅白すあま
成人式	デコレーションケーキ
お葬式	葬式饅頭、茶白饅頭、春日野饅頭（春日饅頭、しのぶ饅頭ともいう）

年祝い

還暦（六〇歳）　デコレーションケーキ
古希（七〇歳）　同
喜寿（七七歳）　同
傘寿（八〇歳）　同
米寿（八八歳）　同
卒寿（九〇歳）　同
白寿（九九歳）　同
百寿（一〇〇歳）　同
茶寿（一〇八歳）　同
皇寿（一一一歳）　同
大還暦（一二〇歳）　同
天寿　（二五〇歳）　同

結婚記念日

婚約式（結納）　デコレーションケーキ、ドラジェ

結婚式	ウェディングケーキ、ドラジェ
紙婚式（一周年）	デコレーションケーキ
綿婚式（二周年）	同
革婚式（三周年）	同
花婚式（四周年）	同
木婚式（五周年）	同
鉄婚式（六周年）	同
銅婚式（七周年）	同
ゴム婚式、青銅婚式、電気器具婚式（八周年）	同
陶婚式（九周年）	同
アルミ婚式（一〇周年）	同
銅鉄婚式（一一周年）	同
絹婚式（一二周年）	同
レース婚式（一三周年）	同
象牙婚式（一四周年）	同
水晶婚式（一五周年）	同

磁器婚式（二〇周年）　同
銀婚式（二五周年）　同
真珠婚式（三〇周年）　同
珊瑚婚式（三五周年）　同
ルビー婚式（四〇周年）　同
サファイア婚式（四五周年）　同
金婚式（五〇周年）　同
エメラルド婚式（五五周年）　同
ダイヤモンド婚式（六〇周年）　同
ブルースターサファイア婚式（六五周年）　同
プラチナ婚式（七〇周年）　同

あとがき

『スイーツ歳時記&お菓子の記念日』如何でしたでしょう。第一章のスイーツ歳時記についてては、はっきりと月別に分けられるものはさておき、季節にまつわるものに関しては、地域による感覚の差異、及び暦と現実の相違も含めて、曖昧とならざるを得ないものも少なからずございます。それらにあっては、社会通念上ある程度許されるであろう認識をもって記しましたことを、お断りさせていただきます。また宗教的な事柄については、意を尽くしたつもりではありますが、説明不足の点も多々あろうかと思います。言の葉の足らざる旨は、筆者の浅学にして不徳のいたすところゆえとおぼし召し、平にお許し賜りたい。

また第二章にあっては、それぞれの記念日等を記すにあたり、できるだけ多くの事柄を取り上げるべく、既刊の自著、内外の多くの先刊の書、並びにインターネットにおける情報等々、巷間発信されているあらゆるものを参考にし、筆を執りましたことをご報告させていただきます。ただ、何においてもパーフェクトとは参らず、漏れ多きことに加え、日々行われている新たな登録や申請等についての記載の不備に対するご指摘にあっては、心して甘受し衷心よりお詫び申し上げる次第です。加えて個人もしくは特定の企業や団体等による登録や申請の是非についてのご批判に関しても同様、甘んじてお受けし、事実のみをお伝えすることに専念させていただきました。ご異論の多々あることも承知ながら、その上においてなお拙筆を進めさせていただきましたことをお含みの上、深いご理解を賜りつつ、ご笑読願えれば幸甚に存じます。なお本書により、スイーツ及びその周辺に改めて光が当たり、結果、微力ながらスイーツ文化の更なる高揚に貢献できれば、それこそが筆者の意とするところと、読者諸氏諸嬢のご寛容を願いつつ筆を置かせていただきます。

終わりにあたり、快く出版をお引き受けくださった松柏社社長の森信久様及び諸々ご協力いただいた横浜プレスの江口和浩様、校正等に多大なご苦労をおかけした戸田浩平様他、本書の上梓に至るまでに関わりを持たれたすべての方々に、衷心より謝意を表させていただきます。

二〇二一年　初夏

吉田菊次郎

参考文献

『La grande histoire de la Patisserie –Confiserie Francaise』S. C. Sender Marcel Derrien 共著　Minerva 刊（ベルギー）、二〇〇三年
『ラルース料理百科事典』プロスペール・モンタニェ著　ロベール・J・クルティィーヌ改訂　一九六〇年。今井克宏他訳　三洋出版貿易刊、一九七五年
『和菓子の系譜』中村孝也著　国書刊行会、一九九〇年
『料理食材大事典』主婦の友社、一九九六年
『お菓子を彩る』吉田菊次郎著　昌文社、二〇〇〇年
『お菓子名人一〇〇の抽き出し』吉田菊次郎著　時事通信社、二〇〇二年
『カトリック教会情報ハンドブック・二〇〇四』カトリック中央協議会、二〇〇三年
『お菓子な歳時記』吉田菊次郎著　時事通信社、二〇〇四年
『スイーツカレンダー・日本のお菓子』吉田菊次郎・菅原忠義共著　朝文社、二〇一〇年
『スイーツカレンダー・世界のお菓子』吉田菊次郎著　朝文社、二〇一一年
『フランス流気取らないおもてなし・アペリティフ』吉田菊次郎・村松周共著　誠文堂新光社、二〇一七年
その他、自著を含めた内外の諸文献及び各種マスコミ、インターネット情報等。

初出一覧

「江ノ電沿線新聞連載・おかしな話他」江ノ電沿線新聞社　一九七四年四月～二〇二〇年一二月・菓名、原材料等について

「おかしな話」江ノ電沿線新聞社　一九八〇年刊・行事について

『万国お菓子物語』昌文社　一九九八年刊・菓名について

『お菓子を彩る』昌文社　二〇〇〇年刊・副材料について

『お菓子名人一〇〇の抽き出し』時事通信社　二〇〇二年刊・主要原材料について

『お菓子な歳時記』時事通信社　二〇〇四年刊・行事について

『スイーツカレンダー・日本のお菓子』朝文社　二〇一〇年刊・季節の和菓子について

『スイーツカレンダー・世界のお菓子』朝文社　二〇一一年刊・季節の洋菓子について

『西洋菓子・日本のあゆみ』朝文社　二〇一二年刊・歴史について

『西洋菓子・世界の歩み』朝文社　二〇一三年刊・歴史について

『フランス流気取らないおもてなし・アペリティフ』誠文堂新光社　二〇一七年刊・アペリティフについて

吉田菊次郎（よしだ・きくじろう）

俳号・南舟子（なんしゅうし）　一九四四年（昭和一九年）東京生まれ。明治大学商学部卒業後渡欧し、フランス、スイスで製菓修業。その間、第一回菓子世界大会銅賞（一九七一年於パリ）他、数々の国際賞を受賞。帰国後「ブールミッシュ」を開業（本店・銀座）。現在同社会長の他、製菓フード業界のさまざまな要職を兼ねる。文筆、テレビ、ラジオ、講演等でも活躍。二〇〇四年、フランス共和国より農事功労章シュヴァリエ叙勲及び厚生労働省より「現代の名工・卓越した技能者」受章。二〇〇五年、厚生労働省より「若者の人間力を高めるための国民会議」委員拝命。同年、天皇皇后両陛下より秋の園遊会のお招きにあずかる。二〇〇七年、日本食生活文化賞金賞受賞。二〇一一年、厚生労働省より「職場のいじめ、嫌がらせ問題に関する円卓会議」委員拝命。二〇一二年、大手前大学客員教授に就任。二〇一四年フランス料理アカデミー・フランス本部会員に推挙される。同年、果実王国やまなし大使に任命される。主な著書に『あめ細工』『チョコレート菓子』『パティスリー』『洋菓子の工芸技法』（柴田書店）、『洋菓子事典』（主婦の友社）、『デパートＢ１物語』（平凡社）、『お菓子漫遊記』『お菓子な歳時記』『父の後ろ姿』（時事通信社）、『万国お菓子物語』（昌文社）、『西洋菓子彷徨始末』「東北スイーツ紀行』『左見右見』『水脈』（朝文社）、スイーツクルーズ世界一周おやつ旅』（クルーズトラベラーカンパニー）、『今までにないスイーツの発想と組み立て』（誠文堂新光社）、『洋菓子百科事典』（白水社）、『お菓子を彩る偉人列伝』（ビジネス教育出版社）、『流離』（松柏社）他多数。

スイーツ歳時記＆お菓子の記念日

二〇二一年九月十日　初版第一刷発行

著　者　吉田菊次郎

発行者　森　信久

発行所　株式会社 松柏社

〒一〇二‐〇〇七二

東京都千代田区飯田橋一‐六‐一

電　話　〇三（三二三〇）四八一三（代表）

ＦＡＸ　〇三（三二三〇）四八五七

メール　info@shohakusha.com

装丁・本文設計　常松靖史［ＴＵＮＥ］

組版・校正　戸田浩平

製版・印刷　精文堂印刷株式会社

ISBN978-4-7754-0280-1